ARQUITECTA
DE
CORAZONES

FRANÇOISE EXPOSITO ROPERO

A mi hijo Juan Carlos, sólo él sabe de mis luchas.
Te quiero.

INTRODUCCIÓN

Desde éste, mi pequeño rincón, quiero trasmitiros las vivencias que aún en personas distintas, se da en alguna etapa de nuestra vida.

Quiénes nos han tenido un gran amor y las circunstancias han hecho que ese amor, se quiebre, se caiga como un castillo de naipes de la noche a la mañana, dejándonos sumidos en una extraña maraña de sinsabores y la luz se vuelve oscuridad sin esperarlo.

Todos tenemos distintas formas de superarlo, sin embargo el hecho, los sentimientos, el abatimiento, ese vacío que de pronto aparece en nuestro yo más interno y que nos derrota en la noche, al quedarnos en la amarga soledad que hace su aparición y entra sin previo aviso y sin llamar a la puerta.

En esta vida, nada podemos dar ni por eterno ni infinito, sólo la energía que nos acompaña y de ahí, el aprendizaje. Todo tiene un por qué, y estamos predestinados desde que nacemos a unas vivencias u otras.

Podemos optar por elegir el camino, entre otros muchos, más todos nos llevaran al destino que ya y sin poder dar una explicación científica, tenemos grabado del hierro candente.

Infinidad de veces nos preguntamos, las razones y éstas, no entienden de sentimientos, de sufrimiento, de vida. Simplemente debemos aceptar el aprendizaje para seguir escalando en la escalera de nuestra existencia. Convirtiendo el dolor en la sabiduría que nos ayudará a entender y aceptar los procesos de toda vida.

Sólo debemos atender el pasado, en su aprendizaje, cómo citaba Don Miguel de Unamuno, el hombre es el único animal que tropieza dos veces en la misma piedra. Por lo tanto, debemos aceptar con humildad las enseñanzas que nos proporcionan la madre naturaleza y el universo, siendo conscientes que hemos de hacer el camino para cumplir nuestra finalidad.

I LA ROSALEDA

Caminaba con la mirada perdida en la belleza que proporciona la primavera, el olor de las rosas impregnaba todo, transportándome a otra dimensión fuera de toda lógica que escapa a la comprensión de la mayoría de las personas. El color formaba parte del espectáculo, incluso el silencio, tocaba su mejor sinfonía.

Ese día, necesitaba darme un respiro, y quitarme la máscara de dura, que utilizaba no sólo en mi trabajo, si no la mayor parte del tiempo, unas veces por profesión y otras por no mostrar mi sensibilidad por miedo a ser herida.

La sensibilidad afloraba por todos los poros de mi piel, podía sentir como la naturaleza me hablaba. Necesitaba desconectar de esa realidad que vivimos todos los mortales.

Mi corazón me pedía a gritos parar, mi cabeza se negaba a hacerlo. Así que decidí no hacer caso de ambos como de costumbre. Desconectando de los dos y simplemente dejándome llevar por el momento de ensueño.

Me encontraba frente al estanque de los nenúfares, la ninfa penetraba en mi imaginación, por unos minutos creí que iba a extender sus brazos y acogerme en ellos. Susurrándome palabras de amor que aunque en mi interior deseaba, rechazaba el mero hecho de tan siquiera pensarlo.

Tenía todo lo que quería, una profesión en la que me sentía realizada, una familia plena, con mi hijo, hermanas, mamá, por desgracia papa, ya no estaba entre nosotros. No sentía la necesidad imperiosa de vivir un amor a toda costa, no me faltaban mujeres con las que salir, divertirme…

Seguía enredada en mis fantasías y ensueños, cuando alguien me habló, tardé en reaccionar, ella volvió a insistir.

Yo seguía en mi mundo, escuchaba su voz como si viniese de otro lugar. Puso su mano en mi hombro, me sobresalté y le miré a los ojos. En ese momento todo el perfume de las rosas, la sinfonía del silencio, mezclada con el canto de las aves, explosionaron en mi ser. No podría describir lo que sentí en ese breve momento, tan intenso como dulce.

No sé el tiempo que pasé en esa situación, enrojecí por las imágenes que pasaban por mi pensamiento, la ninfa se había encarnado. Sentí que mis piernas flojeaban y temí caer desmayada ante su presencia. Me sentí ridícula, jugué nerviosa con los dedos de mis manos. Ella me observaba, parecía divertirse por verme de esa forma y no me equivocaba, de pronto soltó una carcajada. Noté que me seguían subiendo los colores. Hasta que escuché.

Cálmate mujer, disculpa si te he asustado. – dijo ella tratando de contener la risa.

Balbuceé, las palabras brillaron por su ausencia. Me he encontrado en múltiples situaciones y en aquella ocasión…

La ninfa volvió a hablar, arrancándome de mis ensoñaciones.

Mujer, tranquila, sólo quería preguntarte la hora. – nada más lejos de la realidad, pero la ninfa, también se había quedado sin las palabras adecuadas. Sus ojos y los míos se clavaron, no supe o no quise saber en ese momento que estaba ocurriendo. Metí mis manos en los bolsillos como gesto para cubrir mi yo interno.

Seguíamos con los ojos clavados la una en la otra, no eché a correr en ese momento, porque realmente no me podía mover, estaba inmóvil y la fuerza de lo que en ese preciso instante estaba ocurriendo, me dejaron paralizada.

La ninfa, me dejaba completamente desnuda ante sus ojos. Pude romper el silencio, y le pregunté:

¿Cómo es posible que una ninfa pueda salir del estanque?

Una sonora carcajada hizo eco en toda la Rosaleda de Ramón Ortiz, la ninfa no podía contener la risa y sin poder articular palabra me señaló que la ninfa seguía en su sitio. No sabía dónde meterme, pensé que empequeñecía por momentos, quise creer que la tierra me salvaría tragándome bajo mis pies. La situación entre divertida, incluso cómica, no dejaba lugar a mi propia esencia. A esa parte tan importante que desde años atrás alguien me grabó a fuego.

Cuando la ninfa dejó de reír, apreció el rubor de mis mejillas, me tendió la mano y nos echamos las dos a reír. Pasamos así varios minutos, ya más calmadas. La ninfa se presentó.

Querida, mi nombre es Kitty – Vine a preguntarte la hora y por lo que parece te he pillado en un momento que estabas absorbida y recogida en tus pensamientos.

¿Vienes mucho por la Rosaleda? – en esta ocasión sí pudo preguntarme Kitty.

Traté de no reírme y aguanté como pude, su nombre me recordaba a la muñeca, mi imaginación como siempre poderosa, había pasado de ninfa a muñeca en un breve espacio de tiempo. Mi agilidad mental, me hacía salir airosa de muchas situaciones, pero en ésta en concreto, esa agilidad estaba jugando conmigo.

La muñeca, digo Kitty me volvió a sacar de mis pensamientos.

¿Te apetece tomar un café conmigo, mujer sin nombre? – Kitty, me observaba con ojos de picardía.

Mi mente volvió a jugar conmigo, en estos momentos la convertí en Diosa y nos dibujé sentadas frente a un café, y cómo no, mis manos nerviosas y el café recorriendo su pantalón, también puede que su camisa. Aquella taza tan pequeña contenía litros de café.

Kitty me cogió del brazo, más bien me arrastró, ni siquiera sé cómo salí del recinto, sé que caminamos un poco hasta llegar a una cafetería, la temperatura era templada así que tomamos asiento en la terraza.

No sé el tiempo que estuve perdida en mi pensamiento, la Diosa seguía desnudándome con sus ojos y con una dulce sonrisa en sus labios que temía se convirtiesen de nuevo en carcajada.

¡Por fin, logré restablecerme un poco!

Me has dicho que te llamas como la muñeca esa... - Mis palabras le hicieron no poder contener más la risa, moviendo afirmativamente su cabeza.

En mi vida creo que no he hecho tanto el ridículo como en esa ocasión, intenté sobreponerme, a mi rubor, a mis meteduras constantes de pata y decirle:

Y a todo esto, ¿Cómo hemos llegado hasta aquí?

El rostro de Kitty era un poema, seguía desmembrándose de tanta risa, por momentos creí que no le daría tiempo salir para el baño y regaría toda la acera.

Kitty trataba de decirme que parase ya, que no podía más.

Ya más calmadas las dos, me volvió a preguntar mi nombre. Le contesté entre dientes. Me llamo Carlota y con la sonrisa tímida que me caracteriza volví a clavar mis ojos en los suyos que me buscaban constantemente. Fue un flechazo,

Cupido esa mañana había desayunado fuerte y su flecha disparó.

No quería ser consciente de lo que estaba pasando, de hecho me lo negaba una y otra vez. No quería enamorarme de nuevo, bien sabía lo que había sufrido al querer tanto. Kitty muy sagaz e inteligente, supo arrancarme esos miedos con constancia, dulcemente. Pasó bastante tiempo desde esta primera vez, hasta que dio el paso definitivo.

Supo ser como un torbellino, cuando veía que yo frenaba lo que estaba sintiendo, ella también lo hacía, sabiendo que poco a poco iría perdiendo todo el temor a sufrir de nuevo por amor.

Aquel día, comenzó nuestra gran historia de amor. Unas veces suaves, otras salvajes…

EL viento y el alma
Luis Cernuda

Con tal vehemencia el viento
viene del mar, que sus sones
elementales contagian
el silencio de la noche.
Solo en tu cama le escuchas
insistente en los cristales

tocar, llorando y llamando
como perdido sin nadie.
Mas no es él quien en desvelo
te tiene, sino otra fuerza
de que tu cuerpo es hoy cárcel,
fue viento libre, y recuerda.

II LA LLAMADA

El avión sobrevolaba el mediterráneo a la espera de pista para aterrizar en el Aeropuerto del Prat. Eran poco más de las ocho y media de la mañana, la primera reunión comenzaba a las 9:30 AM por lo tanto, tratar de pasar por el hotel a dejar la maleta iba a ser misión imposible.

Durante el corto vuelo he tratado de despejarme a base de café, he pasado toda la noche sin dormir, dando vueltas a todo lo que había ocurrido con Kitty hace dos días. Ayer, me llamó por teléfono y no se lo cogí, al instante recibí un mensaje de texto, para saber cómo me encontraba e invitándome a tomar otro café y no tan atropellado como el primero.

Aún no le he devuelto ni la llamada ni el mensaje.

Necesito pensar, y la verdad que cuanto más pienso, más me apetece conocer a la Diosa.

Es una fuerza invisible que me arrastra y que escapa a mi control.

Enfrascada en mis pensamientos, busqué un taxi para que me llevase a la Avenida Diagonal donde celebrábamos la reunión de trabajo, gracias a que siempre preparo las reuniones días antes, en mi estado, dudo que hubiese conseguido prepararla ayer.

El taxista, trato de entablar conversación en varias ocasiones, se trataba de un hombre de mediana edad, creo recordar que me dijo que era de origen argelino. Como era hora punta, esos minutos en el atasco se me hicieron interminables.

Esperaba que al menos tuviese la fuerza para concentrarme en las reuniones, prácticamente teníamos todo el día de trabajo, hasta las siete de la tarde y para colmo, ese mismo día no podía volver a Madrid, ya que al día siguiente no terminábamos hasta las dos de la tarde.

Las reuniones eran sobre la reestructuración de la empresa y teníamos que estar todos los jefes de los distintos departamentos que la conformaban. La reestructuración tenía que hacerse desde la implantación de nuevas tecnologías, I+D, Financiación, Administración, Marketing Corporativo, Personal, Transportes… Los cambios eran tan importantes, cómo drásticos.

¡Por fin! El taxi, llegó a mi destino, pedí la factura, recogí el poco equipaje que llevaba para un par de días y me despedí del chofer con un escueto adiós y gracias. El pobre hombre ya ni intento desearme buen día.

Ya dentro de la oficina, en la sala de juntas, Jordi, el director de una de las delegaciones, me preguntó si me encontraba bien, mi rostro debía estar blanco.

Carlota, estás pálida – dijo Jordi mientras me estrechaba la mano y me daba los dos besos de rigor.

Conocían de los límites que ponía y Jordi era de los pocos que se arriesgaban a traspasarlos.

Anoche me sentó fatal la cena, sólo eso – concluí sin darle pie a más preguntas que fuese más allá del ámbito laboral. Noté que quería decirme algo más pero como ya me conoce bastante bien, no prosiguió por esa vía.

Mi cuerpo estaba en Barcelona, pero mi mente y corazón estaban en Madrid. Opté por servirme otro café, sabía que tanto café podría complicarme de nuevo la noche, pero necesitaba despejarme, la sala de juntas ya estaba casi al completo y era un hervidero de conversaciones y cafés y yo, yo, no podía quitar de mi pensamiento a Kitty.

Cuando acabamos por la tarde, Jordi se acercó a mí y me propuso ir a cenar a uno de mis restaurantes favoritos en el puerto. Le iba a decir que no, que estaba muy cansada y se adelantó a mis palabras.

Carlota, no admito un no por respuesta, puede que anoche te sentase mal la cena, sé que te ocurre algo y no quiero que me lo cuentes, sólo que pienso que te sentará bien, que nos tomemos unas copas de vino con una buena cena y caminemos un poco por el puerto. – soltó sin tomar aire Jordi.

En ese momento, sinceramente no tenía argumentos para rebatirle, simplemente podía llevar razón y lo que necesitase era relajarme un poco.

De acuerdo Jordi, primero iré al hotel a dejar el equipaje, darme una buena ducha y llamar a mi hijo, que llevo todo el día sin poder hablar con él. – le contesté dubitativa y ya exhausta en mis pensamientos.

Mi compañero cogió su coche del garaje y me acercó a hotel Vilamarí, Siempre trataba de hospedarme en ese hotel, situado en la calle del mismo nombre, una calle tranquila, al lado de Plaza España. Las habitaciones muy cómodas e íntimas y preparadas para los ejecutivos.

Lo primero que hice fue llamar a mi hijo. Necesitaba saber de él, que me contase como le había ido el día en el colegio, que me iluminase con su voz risueña y darle las buenas noches antes que se fuese a dormir. En ese instante hubiese atravesado el teléfono para abrazarme a mi niño.

Me pesaba todo el cuerpo, prácticamente fui arrastrándome hasta el baño para ducharme, no quería mirarme en el espejo, preferí ducharme primero. El agua tibia y mi agotador día hicieron el resto. Mis lágrimas comenzaron a caer sin querer pararlas. ¿Qué me estaba pasando? ¿Otra vez? No quería enamorarme…

Lloré durante varios minutos, necesitaba desahogarme y bajo la ducha, apenas si quedarían marcas en mi rostro del llanto.

INCERTIDUMBRE.
Alfredo Mendoza Cornejo

Es la obsesión por el mañana
lo que arrebata la libertad y serenidad de hoy.

Incertidumbre que lo hace a uno cautivo del futuro,
del miedo a qué puede pasar.

Desasosiego que destruye la confianza,
ensombrece el momento,

preocupa por un tiempo que no existe,
que estará por venir.

Siempre conjeturando,
adelantando vísperas,
imaginando escenarios,
atribulado, angustiado,
preparándose para lo ficticio.

Creas, supones, previenes
algo que nadie puede asegurar que vendrá
o que el día de mañana querrás,
necesitarás, valorarás
o simplemente que vivirás.

Me sequé, me puse ropa cómoda y deportiva y bajé de la habitación, Jordi, ya me esperaba sentado en el Hall. Aunque tenía algunos años más que yo, siempre mostraba un aspecto juvenil. Él también había ido a su casa a ducharse y cambiarse. También optó por ropa cómoda. Me recibió con su peculiar sonrisa, y nos marchamos. En esta ocasión fuimos en un Taxi, el restaurante estaba relativamente cerca y podíamos ir caminando, pensamos que lo mejor sería a la vuelta.

Al llegar al restaurante, uno de los camareros nos recibió con gran alegría, nos conocía de otras veces, como ya les habíamos llamado para reservar la mesa, nos puso frente a uno de los ventanales que daba al puerto.

Para cenar pedimos una ensalada y dorada al horno. Regada con vino blanco. Jordi me rellenaba por segunda vez la copa, siempre pedíamos que nos dejasen la botella en la cubitera para servirnos nosotros.

Me miró, puso su sonrisa y disparó sus palabras.

Carlota, te conozco quizás poco pero lo suficiente, no somos amigos, porque tú siempre te has cerrado a una amistad, sé que algo te está pasando, y sólo quiero que sepas que puedes contar conmigo. –concluyó Jordi.

El vino y mi cansancio, hicieron el resto.

Necesitaba hablar, así que lo hice. Cuando acabé de contarle a Jordi todo, él, me miró, me tomó la mano y mirándome a mis ojos cansados, tristes… dijo:

Agradezco tu confianza en mí, sé que en todo momento tratas de separar vida social de laboral. Antes de nada, quiero confesarte que ya sabía de tu homosexualidad, yo también lo soy, aunque por motivos estrictamente familiares, he de mantener una doble vida.

Tomó aire, bebió un trago de su copa y prosiguió.

Carlota, no puedes dejar que el sufrimiento del pasado se interponga en tu felicidad del presente, cuando nos enamoramos estamos seguros que será para toda la vida, por desgracia a veces no es así.

Por eso no podemos rechazar los trenes que pasan por nuestra vida, enamorarse es un regalo del cielo y sí, puede que en uno de esos trenes, sea donde caigamos en brazos de Morfeo en el fin de nuestros días.

Llama a Kitty, -fue una orden, en vez de sugerencia lo que salió de labios de mi compañero. Ella está esperando tu llamada.

Cogí el teléfono de mi bolso. Salí un momento a la calle y llamé a Kitty

III EL GRAN AMOR DE MI VIDA: "VIDI"

Eran algo más de las doce de la noche, cuando llegué de nuevo a mi habitación. Mi cabeza daba vueltas, más por todo lo que pensaba que por el vino que había bebido.

El cansancio era evidente, me tumbé sin desvestirme sobre la gran cama, no sin antes coger de mi bolso la cartera. Saqué la foto de mi hijo, Juan.

Juan en esos momentos contaba con doce años, mi niño de alma…, de mis entrañas…

Besé su foto, la abracé contra mi pecho, estrechando la fotografía fuertemente, que ganas tenía de abrazar a mi "Vidi".

Estaba deseando llegar a Madrid. Realmente era lo único que me movía y mueve mi vida con una intensidad tan inmensa, un amor tan inmenso, que nadie, absolutamente nadie, puede compararlo ni tan siquiera con el amor que tenemos a nuestros padres, hermanos, pareja.

Mi "Vidilla" nació del amor tan grande que una mujer puede tener dentro de sí para concebir un hijo, ni siquiera voy a contar todo lo que pude hacer, hasta sentirlo en mi vientre. Pasaba las veinticuatro horas, acariciándolo, hablándole, paseando, escuchando música, leyendo para él.

No puedo describir como quisiera tantos sentimientos y emociones, porque no existen las palabras ante un amor tan puro de una madre hacia su hijo.

Desde que mi niño fue concebido, la mayoría de mis lágrimas y la inmensidad de la alegría, han sido para él.

Que grandeza, cuando pude sentir que crecía en mi interior, en mi esencia de mujer, en el centro de mi ser, mis alegrías, mis emociones aumentaban y aumentaban según iba creciendo dentro de mí. Saboreando mis propias lágrimas, con la sonrisa y los sentimientos siempre a flor de piel.

Lloré al tenerlo sobre mi pecho, aquella personita tan pequeña... que se aferraba con su manita a mi dedo…, tanta ternura, tanta felicidad, tanta emoción… tan mío, tan de mis entrañas, carne de mi propia carne, amor de mi gran amor por la vida, por el gran amor que ya desde antes de concebirle sentía por él.

Tanto lo amo como dolor puede producirme, sentir que algo no va bien, un simple resfriado que coja…, tanto lo amo como felicidad me entrega, al mirarle a esos ojos, pícaros, brillantes.

Cuando firme me coge, me abraza, me besa…, que hasta olvido lo que debo decirle.

Es tan grande, este amor por mi niño, mi "Vidi". Mi niño grande que me arranca sonrisas constantes, que me hace beber los vientos surcando mares sin barco, volar sin alas hasta el arco iris. Que me hace enfrentarme a diario a todos los retos que aparecen en mi vida. Porque siempre está él y sabe cómo sacar lo mejor que llevo dentro.

Cuantos y cuantos momentos me sigue dando desde que nació, su primer puchero, su primera sonrisa, su primer llanto, la caída de su cordón umbilical, sus primeras décimas de fiebre, sus primeros moquitos, Sus primeros pasos… aquellos que me sacaba siempre la sonrisa y a la vez me mantenía en dulce agonía por si se caía y se golpeaba, su primer, mamá…

Cuando balbuceo mamá me lo comí a besos, y él al ver mi reacción, con esos ojos picarones que lo caracterizan y una sonrisa en sus labios, lo repetía una y otra vez.

Cuanta felicidad me ha deparado mi hijo, que aunque en la habitación de aquel hotel sentía su distancia física y me tenía que aguantar mis ganas locas por abrazarlo, acariciarlo, lo tenía y lo tengo en mí. Ese lazo invisible, ese cordón que nunca se corta. Lo que daría por solo poder dedicar todo mi tiempo a estar a su lado y no perderme un solo instante de su vida.

Mis lágrimas rodaban por mi rostro, seguía aferrada a la foto de mi "Vidi", era muy tarde para llamarle, lo que hubiese dado en ese momento por atravesar el espacio-tiempo y estar junto a su cama, abrazarlo mientras dormía. Acunándolo, como cuando era un bebé.

Los hijos van creciendo, como crecen nuestros sentimientos por ellos, por eso no se pueden describir, porque van siendo tan inmensos… tan intensos, tan llenos de vida. Una vida nacida de otra vida, la dicha es…

Me quedé dormida, entre lágrimas y aferrada a la imagen de Juan, sonó el despertador.

No podía ni moverme del sueño que tenía en ese momento, traté de incorporarme y se me hizo imposible, volviendo a quedarme dormida, gracias que siempre ponía la alarma en distintas horas. A la tercera, salté de la cama y me dirigí con pasos lentos hacía el baño, arrastraba los pies, mis piernas pedían permiso para dar un paso.

Cuando me vi reflejada en el espejo pude observar mi rostro, demacrado por el cansancio y las lágrimas, sin embargo una sonrisa se iluminó en aquel reflejo, en un rato podría llamar a Juan para desearle un buen día de "cole" y decirle que le recogía a mi vuelta a la tarde.

Después de la ducha, corrí al teléfono, descolgó "Vidilla" sabía que era yo.

¡Mamá! ¡Mamá! ¡Mamá! -se escuchó al otro lado del auricular.

¡Vidilla! Que ganas de abrazarte hijo – con una sonrisa que acabó con mi rostro demacrado.

¿Mamá a qué hora llegas? -preguntó "Vidi" hablando atropellado. Quiero verte, te echo de menos mamá.

Amor mío, también te echo de menos, mamá llega esta tarde, iré a buscarte cuando salgas de clase. ¿Te apetece que me tome la tarde libre y nos vayamos juntos a merendar? – le pregunté sabiendo que me diría que sí. Siempre que faltaba una sola noche por motivos de trabajo, prefería estar conmigo a irse a jugar con sus amigos.

¡Siiiiiiii! ¡Biennnnnnn! –las palabras de mi niño saltaban como lo escuchaba saltar a él de alegría. Mamá entonces nos vemos más tarde. Te quiero.

Yo también te quiero hijo, ten un buen día. – no colgué hasta que no escuché el clic de haber colgado él.

Durante toda la mañana miré varias veces mi reloj, tenía ganas de llegar a casa, con mi hijo. Éste viaje fue muy duro para mí.

Un océano de sentimientos, emociones, habían hecho aparición.

Lo que suponía estar una noche sin estar con mi hijo, Kitty, la reestructuración de la empresa. ¡Gracias! que al día siguiente era viernes.

HIJO MÍO
Leopoldo Panero

Desde mi vieja orilla, desde la fe que siento,
hacia la luz primera que toma el alma pura,
voy contigo, hijo mío, por el camino lento
de este amor que me crece como mansa locura.

Voy contigo, hijo mío, frenesí soñoliento
de mi carne, palabra de mi callada hondura,
música que alguien pulsa no sé dónde, en el viento,
no sé dónde, hijo mío, desde mi orilla oscura.

Voy, me llevas, se torna crédula mi mirada,
me empujas levemente (ya casi siento el frío);
me invitas a la sombra que se hunde en mi pisada,

me arrastras de la mano... Y en tu ignorancia fío,
y a tu amor me abandono sin que me quede nada,
terriblemente solo, no sé dónde, hijo mío.

IV ...Y DIERON LAS CINCO

Mi puerta aún entornada,
mis ventanas cerradas
golpearon sobre mi pecho
horas de larga madrugada.
Llamaste suave, dedos de terciopelo
cándida como la hoguera
que de las cenizas, el amor
el Fénix, resurgiera.
Poseía como si no poseyera,
navegaba por mi mar
al viento las velas...
Con las olas como única bandera.

Aquel día, había acabado mi jornada laboral antes de lo habitual, "Vidi" después del colegio había quedado con unos amigos para ir al cine. Así que dispuse de ese tiempo que tenía libre.

A primera hora, llamé a Kitty, había pasado poco más de una semana, desde que tuve el valor de llamarle estando en Barcelona. Sí hablamos en distintas ocasiones más.

Mis manos se asemejaban a las aves cuando pierden el rumbo que siguen, no podían estar quietas, estaba muy nerviosa. Aquella cita, suponía un fin y un nuevo principio en mi vida.

Mis miedos eran inmensos, no dejaba de pensar, mi cabeza era como un carrusel, unas veces atormentada, otras felices.

Llevaba tiempo negándome el amor y al amor. Cierto es, que el amor verdadero pocas veces llama a nuestra puerta y que siendo como era y soy de la vieja escuela. Ha de durar para toda la vida.

Había sufrido mucho por amor. Me preguntaba una y otra vez, si merecía la pena volver a los influjos del amor.

El amor es como un campo de margaritas y amapolas silvestres, sin resguardar de la intemperie. Frío, calor, lluvia, viento, sol. Sin embargo resisten y día a día, vuelven a abrirse a los rayos del sol.

Una relación de amor, también está sin resguardo antes los avatares y alegrías de la vida, construyendo a dos los cimientos que han de mantenerse fuertes hasta más allá de la muerte.

El amor, hay que regarlo como la lluvia riega el campo de margaritas y amapolas, hay que caldearlo para que el hogar crezca en el corazón como el sol calienta con sus rayos, el rocío de las plantas. Las tormentas y el frío apartarlas con el viento para que vigorosas muestren su belleza.

Estaba perdida en mis pensamientos, cuando llegó Kitty, pasaban algo más de las cinco de la tarde, nos citamos en el café Acuarela, situado en la calle Gravina, al lado de la Plaza de Chueca. Aunque Kitty en un principio puso algún reparo, luego me enteré que es que no quería ir a zonas de ambiente homosexual por miedo a que se enterasen en su trabajo. Algo que casi nunca entendí pero que siempre respeté.

La Diosa se me quedó mirando, una sonrisa dibujada en sus labios.

Reconozco que no podía dejar de mirárselos, y en esos últimos días mi imaginación se disparaba, moría por envolvernos en nuestras miradas y que nuestros labios dejasen de hablar, y rozásemos el cielo con las yemas de los dedos.

Cuantos besos a hurtadillas le había robado en esas noches de soledad de mi dormitorio.

La cama comenzaba a ser gigante, quería amanecer a su lado después de una tórrida noche de amor y pasión. A duras penas ponía contener mis pensamientos, mi corazón desbocado, mi cuerpo.

Kitty me arrancó de mis pensamientos nuevamente.

Con suavidad tomó mi mano, se acercó y rozó con sus labios mi rostro. No tenía mariposas en el estómago, tenía un caballo desbocado dentro de mí, cabalgando por el monte en busca de su yegua.

Tienes las manos heladas –rompió Kitty el silencio y tomándome con sus dos manos para calentarlas.

Mis manos estarían frías, sin embargo el fuego de lo que sentía, creía que me iba a llevar a salir ardiendo. Surgía de las entrañas y no podía evitar todo lo que me estaba haciendo sentir la Ninfa convertida en mujer.

Siguió con sus manos posadas en las mías, no hablamos durante largo rato, nuestros ojos hablaban por nosotras, notaba que estaba totalmente ruborizada, como la luz era tenue, pensé que Kitty no había reparado en ello.

Carlota, mujer, ¿Estás bien? –Preguntó Kitty.

Sí – conseguí decir - ¿Por qué?

Estás totalmente colorada –respondió la Diosa.

No sabía dónde meterme, hubiese ido al baño en ese momento, si no hubiese sido porque mis piernas no respondían, realmente no me respondía nada.

Si en ese preciso instante Kitty me hubiese besado, estoy segura que me hubiese desmayado, apenas si podía mantener su mirada. Esos ojos que se instalaron en mi corazón sin llamar a la puerta y pedir permiso.

Las dos horas que pasamos juntas, pasaron veloces, apenas si mantuvimos una conversación coherente, al menos por mi parte, no conseguía articular más de un monosílabo. No podía decirle con palabras lo que estaba creciendo dentro de mí y que deseaba que nuestros labios se enredasen cual enredadera, como lo estaban haciendo nuestros ojos.

Quería y deseaba tener a Kitty, que ella fuese mía y yo de ella, fusionarnos en una sola, mientras nuestros caballos cabalgaban en nuestros estómagos. Enredarnos los labios que sabios, iban anidando en todos los rincones de nuestro cuerpo, despertando cada centímetro de piel con piel, envolviéndonos en la locura…

Nos despedimos con un beso en la mejilla y un abrazo, sentí, fugaz, rozarse nuestros pechos. Mis piernas temblaron…

Poema I (Pablo Neruda)

Cuerpo de mujer, blancas colinas, muslos blancos,
te pareces al mundo en tu actitud de entrega.

Mi cuerpo de labriego salvaje te socava
y hace saltar el hijo del fondo de la tierra.
Fui solo como un túnel. De mí huían los pájaros
y en mí la noche entraba su invasión poderosa.

Para sobrevivirme te forjé como un arma,
como una flecha en mi arco, como una piedra en mi
honda.
Pero cae la hora de la venganza, y te amo.
Cuerpo de piel, de musgo, de leche ávida y firme.
Ah los vasos del pecho! Ah los ojos de ausencia!
Ah las rosas del pubis! Ah tu voz lenta y triste!

Cuerpo de mujer mía, persistirá en tu gracia.
Mi sed, mi ansia sin límite, mi camino indeciso!
Oscuros cauces donde la sed eterna sigue,
y la fatiga sigue, y el dolor infinito.

V MONA LISA

El sonido del teléfono se escuchaba de fondo, aún andaba revuelta en las sábanas y creí estar soñando aún. Era sábado y no tenía que madrugar, Juan se había marchado pronto, ya que se iba a una excursión con sus amigos a la casa de campo.

Tenía toda la mañana para dormir, y aunque luego me enfadaba conmigo misma por perder tantas horas durmiendo, necesitaba retozar, invernar como los osos. A duras penas podía abrir los ojos, después de unas duras jornadas de trabajo y que últimamente quedaba con Kitty después de salir de la oficina, acumulaba más cansancio.

El teléfono volvió a insistir, lo miré con cara de pocos amigos y ya pensando que podía ocurrir algo, alargué mi brazo para cogerlo. No miré quien llamaba, simplemente descolgué.

¿Si? -Llegué a decir con voz adormilada. Por las mañanas hasta que me despejo bien, no llego a ser persona.

¿Aún sigues en la cama? – escuché al otro lado del teléfono.

¿Quién es? – volví a preguntar.

¿Tan pronto me has olvidado? –respondieron en tono mimoso.

No conseguía incorporarme en la cama, quería seguir durmiendo.

¿Qué hora es? – pregunté de nuevo, intentando desperezarme.

Las nueve y media, venga, ¡ya! ¡Sal de la cama! -Exclamó Kitty

Kitty quiero dormir un poco más. –dije medio dormida, medio enfadada. Que mal llevaba que me despertasen.

¡Vamos osa! –levántate y anda.

No quiero, no, no y no, quiero seguir durmiendo. -Volví a responderle envolviéndome de nuevo en las sábanas. Si hubiese estado en ese momento a mi lado, seguro que la habría convencido para quedarse conmigo en la cama, y no durmiendo. Sólo la imagen en mi pensamiento, hizo que mis colores surgiesen de nuevo en mi rostro. Mi deseo crecía al unísono junto con mis sentimientos por ella. Las dudas me asaltaban continuamente, realmente no sabía si ella sentía lo mismo por mí. En lo profundo sabía que era así, pero mi timidez y el miedo al rechazo, me frenaban.

Toc-toc, ¿Se puede?, tierra llamando a luna –soltó en ese momento Kitty- Una de dos, o te has vuelto a dormir o ya estás perdida por tus pensamiento. –sonó una risilla al otro lado del auricular.

Me hizo reír, primero una sonrisa, después una carcajada.

¡Vamos levanta!

Kitty cuando se lo proponía, podía ser tan firme que con solo escucharla, se había zanjado el tema, solía conseguir lo que quería y eso en parte, me descuadraba. Siempre fui una persona muy independiente, y sólo con mi hijo, rompía esa regla. La Diosa se las arreglaba para convencerme.

De acuerdo –farfullé, ¿Qué quieres que hagamos…? Estuve a punto de decirle amor mío, frené la frase antes que ella se diese cuenta. Desde el día que nos conocimos, he tratado en multitud de ocasiones de dar marcha atrás por mis miedos, aun así, ella, y lo que iba sintiendo, que cada día es más grande, me daba cuenta que ya no tendría salida. Con el tiempo supe que ella, me daba mis tiempos, y entonces volvía, una y otra vez…

Paso a recogerte en una hora – dijo kitty dando por zanjada la conversación- hasta dentro de un rato. Colgó.

Me quedé mirando el teléfono unos minutos más, no me había dado opción, sí o sí. Me eché a reír y decidí salir de la cama, necesitaba un café y una buena ducha para despejarme.

Saboreé el café, me volví a perder en mis pensamientos, deseaba perderme en sus ojos y tener fuerzas para besar esos labios que me aturdían sólo con mirarlos. Tenía que ir a ducharme, y me costaba, sabía que el agua cayendo sobre mi cuerpo desnudo, imaginarían que eran su manos recorriéndonos. Mi cuerpo era un hervidero de emociones, sentimientos, deseos… Mi caballo galopaba en mi estómago… y la ducha no se dejó esperar por más tiempo.

Me puse ropa cómoda y salí a su encuentro.

Estaba aparcada cerca de casa, al verme me hizo ademán para subir en el automóvil y ahí me dio un beso en la mejilla.

¡Buenos días Osita! -saludo Kitty enérgicamente con su sonrisa. Sus ojos, más adelante supe la razón, siempre temerosos.

No me dio tiempo contestar cuando el coche ya estaba en marcha y saliendo de la calle. Iba a preguntarle donde íbamos y al frenar en uno de los giros, selló mis labios con su dedo y fue bajando con su mano para cambiar de marcha y rozó ligeramente mi pierna. Creí morir en ese momento, temblé y me volví a perder en mis más profundos secretos.

Recorrimos varias calles hasta llegar al centro, metió el coche en un parking en el Paseo del Prado y nos dispusimos a caminar. Le seguía todo el tiempo, ya que no me había querido decir dónde íbamos.

Llegamos hasta la calle San Pedro, a la espalda del Paseo del Prado, entramos en un pequeño café, acogedor, íntimo, era de pequeñas dimensiones. Me recordaba a Lilliput.

Degustamos un copioso desayuno, gracias que sólo había tomado el café para despejarme. Si noté, que en la intimidad de ese pequeño café, Kitty estaba más distendida y todo lo que no conseguía hablar, lo decía ella.

Sus manos en varias ocasiones rozaban las mías, quería creer que lo que ella quería era lo mismo que yo, quería tener la seguridad que ni tan siquiera los años te da.

Pasamos al menos una hora charlando, realmente el tiempo no contaba cuando estábamos juntas.

Me tomó la mano, me hizo levantar, dejó que pasase delante de ella y noté que se ponía detrás, casi pegada a mí.

Mi respiración iba en aumento y trataba de contar hasta diez para controlarme. No sé qué me daba, era como un imán, un imán del que no iba a poder escapar.

Ya en la calle, seguimos caminando, salimos de la calle San Pedro, para dirigirnos de nuevo al Paseo del Prado, bajando por la calle Huertas, llegamos hasta la puerta principal del Museo del Prado y de ahí para irnos a la puerta lateral para poder entrar.

Por lo menos ya sabía dónde íbamos, Kitty no me había dicho nada.

Ya, dentro de una de las pinacotecas del mundo, seguí sus pasos, recorrimos varias salas sin pararnos, cosa que viniendo de ella, no me extrañó. Hasta llegar donde estaba el cuadro que quería compartir conmigo.

La Gioconda de Leonardo Da Vinci

Parecía leerme el pensamiento, era y es, uno de los cuadros que más me ha impresionado a lo largo de mi vida, y uno de los que más se ha escrito de ellos, aún a día de hoy, aunque confirmaban y confirman que es una copia de uno de sus discípulos, los críticos más osados, dicen que la pintura del Louvre y la del Prado, son gemelas.

Dependiendo como mires a la Mona Lisa, te regala su sonrisa o no. Mujer misteriosa donde las haya, misterios aún sin resolver, estudiada por universidades, expertos, investigadores…

Kitty me miró y vio como mi sonrisa y mis ojos brillaban al mismo tiempo…

Rima XXIII
Gustavo Adolfo Bécquer

Por una mirada, un mundo;
por una sonrisa, un cielo;
por un beso... ¡Yo no sé
qué te diera por un beso!

VI MI MUNDO

Alzo mis ojos al firmamento
preguntándome razones,
el amor no entiende de razón
responde una voz.
Se instala,
se acomoda en mis profundidades
desgarrando mí ser
su energía fluye dentro
destruyendo mis miedos,
mis penas, mis lamentos.
Alzo mi voz al viento,
esperando le llegue cual eco,
de éste cicatrizado corazón
que aún herido de muerte,
como la vida renace
de entre las cenizas...
Late,
acompasado,
apasionado...
diciendo una voz:
el amor no entiende de razón.

No podía quedarme dormida, le daba vueltas y vueltas, mis sentimientos estaban a flor de piel, quería resistirme, no dejarme llevar, necesitaba mantener el control de mi corazón. Ella se había acomodado en él sin tan siquiera pedir permiso. Que irónico, ¿Cuándo el amor ha pedido permiso?

Mi corazón, mi alma, mi cabeza, mi cuerpo, trataban de ponerse de acuerdo, la revolución había comenzado y las batallas se sucedían una tras otra. Sabía perfectamente todo lo que iba creciendo y sintiendo dentro de mí, sin embargo los avatares de la vida habían anidado en la profundidad de mi ser, la desconfianza. Necesitaba estar segura, segura de mis sentimientos, segura de lo que ella también sentía.

No quería volver a sufrir, a recoger en pedacitos mí maltratado corazón, sin embargo la vida, el destino, me la habían vuelto a jugar. Nos puede gustar una persona, nos puede atraer, tener afinidad y no tener por qué existir amor.

Cuando el amor verdadero entra en nuestras vidas, nos falta el aire cuando no está, es nuestro oxígeno, nuestro sol y luna, la fusión de las almas, de la energía. Es cuando no quieres que el reloj marque las horas y el tiempo a su lado pasa cual rayo a la velocidad de la luz.

No existen razones, con el amor no se razona, se siente, se siente en la profundidad de nuestras entrañas, en nuestro yo más interno. Vives y mueres en un solo instante, porque la vida y la muerte, son lo mismo.

El amor desgarra, se anida, y como un germen de vida, emerge haciéndose cada vez más grande en la inmensidad de nuestro pequeño corazón. Es el niño interior que va creciendo hasta hacerse adulto.

Debatía una y otra vez en la soledad de mi cuarto, cuanto más lo hacía más me llenaba por dentro, más me inundaba, más me enamoraba. No necesitaba cerrar mis ojos para ver los suyos, besarla para sentir sus labios, ni que me acariciase para sentir sus caricias, alas de paloma revoloteando por todos y cada uno de los poros de mi piel.

Estallando, una y otra vez, en fuegos artificiales sólo con pensarla, con sentirla tan en mis adentros sin tan siquiera tenerla a mi vera.

Infinitos castillos de fuego, multitud de arco iris, alojados en mis más profundos secretos, sondeados por ella… ni siquiera podía pronunciar su nombre, creí que haciéndolo, podía desaparecer toda la magia que iba emanando en mí, y a mí vez quería gritarlo, lo hacía en ahogadas palabras silenciadas por el miedo, por el temor. Amar solo puede ser conjugado con amar. Se conjugan los sueños, las ilusiones, los corazones, la energía, las almas, los besos, los cuerpos… enredados a un mismo tiempo, exentos de todo pecado.

Mi mundo se hacía suyo, y el suyo mío.

Te hice mía en mis noches solitarias,
fui tuya en tus voces acalladas,
silencio en la madrugada,
susurrando tu nombre en mi almohada.
Me acurruca Morfeo en mis sueños,
por la luna acunada me voy perdiendo
entre quimeras y realidades
me vence, me puede, el sueño.

Morfeo me llevó al mundo de los sueños elevados, caí en su profundidad. Allá donde las murallas no existen y la libertad se expande en lo infinito, abriendo sus alas como si de una mariposa se tratase y dejando que la brisa, al compás de las más bellas sinfonías le acompañe en su vuelo.

TU RISA (Pablo Neruda)

Quítame el pan si quieres,
quítame el aire, pero
no me quites tu risa.
No me quites la rosa,
la lanza que desgranas,
el agua que de pronto
estalla en tu alegría,
la repentina ola
de planta que te nace.
Mi lucha es dura y vuelvo
con los ojos cansados
a veces de haber visto
la tierra que no cambia,
pero al entrar tu risa
sube al cielo buscándome
y abre para mí
todas las puertas de la vida.
Amor mío, en la hora
más oscura desgrana

tu risa, y si de pronto
ves que mi sangre mancha
las piedras de la calle,
ríe, porque tu risa
será para mis manos
como una espada fresca.
Junto al mar en otoño,
tu risa debe alzar
su cascada de espuma,
y en primavera, amor,

quiero tu risa como
la flor que yo esperaba,
la flor azul, la rosa
de mi patria sonora.
Ríete de la noche,
del día, de la luna,
ríete de las calles
torcidas de la isla,
ríete de este torpe
muchacho que te quiere,
pero cuando yo abro
los ojos y los cierro,
cuando mis pasos van,
cuando vuelven mis pasos,
niégame el pan, el aire,
la luz, la primavera,
pero tu risa nunca
porque me moriría.

(VII) ENERGÍA

Caminando por la vida
me encontré,
campos de margaritas,
bailando al son de la música,
del viento..., la sinfonía.

Siempre he sido una persona muy cerebral, pasional..., controlaba todo, nada se me escapaba de las manos, sin embargo con Kitty, todo era diferente, mis pasiones se desbordaban y ejercía en mí, una fuerza arrolladora, descontrolada, fascinante, que me hacía perder el control de mis emociones.

Me desnudaba constantemente sin necesidad de desvestirme, su influjo me cautivaba, sembraba en mí, pétalos de rosa...

Ella sabía cómo hacer desaparecer mis temores, intuía mis tiempos, mis soledades, mis espacios y cuanto más quería apartarme de su influjo, más me acercaba yo. Intentaba escapar, sabía ya lo que es amar y amar, dolía.

El amor duele, duele tanto como felicidad proporciona, te pone una escalera al firmamento para divisar el arco iris, saltando al vacío sin paracaídas.

No quería volver a sufrir por amor. ¡No! Me negaba una y otra vez.

Al mismo tiempo que mi cabeza decía que sería una locura, mi corazón me pedía a gritos libertad, libertad para amar, sentir, volar, compartir mi vida con ella.

Nos pasamos la vida huyendo, huyendo de nosotros mismos, cuando debemos ir acompasados como la música, al son que nos marca el metrónomo. Si rechazamos las experiencias que nos va ofreciendo la vida, negamos nuestra realidad.

Nuestra cabeza es como nuestro cuerpo, sabio, lo difícil pero no imposible, es hacer que tanto lo racional, lo emocional y lo corporal, consigan complementarse y unidos, nos lleven de la mejor forma posible a nuestro destino.

Por mucho que huyamos de vivencias, hasta que éstas no se cumplen, aparecerán una y otra vez en nuestra vida, en otras formas, personas, situaciones.

Experiencias que hemos de asumir y aceptar para cumplir con nuestro cometido en este mundo.

Sé que me ha salido la vena profesional, más necesito hacerlo, deshojar cada instante como si de una margarita se tratase. Nuestro cerebro es una selva inexplorada, sólo conocemos la entrada, la locura sólo es separada de la cordura por una fina línea invisible y que como todo en ésta vida no puede separarse.

La locura no existiría sin la cordura, la vida no lo sería sin la muerte. El amor no lo sería si no existiese el odio. Lo uno no puede vivir sin lo otro o iré más allá aunque suene descabellado. Es lo mismo y mientras el ser humano no lo queramos ver así, seguiremos errando sobre las mismas piedras una y otra vez. Comprenderlo, aceptarlo, es encontrar el equilibrio para nuestra alma que vida tras vida busca la perfección a través de la imperfección.

La energía ha de fluir con sus dos polos, negativo y positivo.

Al ser humano se nos ha regalado la intuición, el sexto sentido, incluso me arriesgaría a decir el séptimo sentido o mente extendida, tan polémico como interesante, y donde la ciencia trata de demostrar su veracidad y con ello la tan maltratada telepatía, la memoria histórica de nuestros genes.

A través de los siglos, incluso de los milenios, el aprendizaje del ser humano, incluso arriesgaría a decir de todas las especies.

Somos emisores y receptores, por eso nos podemos comunicar con otros animales que no son de nuestra especie, incluyendo toda forma de ser vivo como las plantas. Si incluiría que debemos estar sensibilizados para entender lo que escuchamos, lo que sentimos.

Para la mayoría, cuentos, como lo fueron en su época, los libros de Julio Verne, hombres adelantados a su tiempo como, Da Vinci, Miguel Ángel, Tiziano, por poner unos ejemplos, que no fueron reconocidos en su momento como se debería haber hecho y que se les tachó de locos.

Sin hacer hincapié en otras culturas más antiguas y mucho más adelantadas que la nuestra. ¿Estamos preparados para recibir toda esa memoria histórica?

El ser humano sólo somos la energía que viaja, sin espacio, sin tiempo.

En el amor podríamos aplicar la misma teoría, por mucho que nos resistamos, tanto nuestras deudas como éxitos de vidas pasadas, hay que retomarlas donde se quedaron.

De ahí que no comprendamos como podemos reconocernos entre millones, miles de millones de personas y sin embargo, lo hacemos, no sin dudar. Es nuestro aprendizaje a niveles más superiores y que tenemos que vivenciar, comprender, aceptar para ir escalando en nuestro propio ser, que al final del todo, es uno sólo. La energía.

Kitty iba más allá de mi comprensión, la fuerza de la naturaleza, volvía a reunirnos. Entonces no lo podía explicar, ni siquiera entender, ya que me cerraba a toda razón del corazón.

He indagado hasta la extenuación en la mente humana, me he encontrado multitud de información, que a día de hoy, aún sigue en pañales en la ciencia. Apenas si conocemos un pedacito de nuestro cerebro. La explicación es mucho más fácil de lo que todos imaginamos. Lo tenemos adherido a nuestro propio ADN, y aunque nos cueste entender, comprender, la vida, la energía va más allá de toda comprensión y la lógica que conocemos en la actualidad.

Sólo debemos poner en equilibrio todas las partes de nuestro cuerpo con la energía y ajustar los engranajes como a un reloj. Iremos aprendiendo y subiendo los escalones, uno a uno de nuestra propia vida, experiencia, al final convertida en energía.

Utilizamos la negación como herramienta y mecanismo de defensa, y eso es lo que ha hecho el ser humano como tal, miedo a enfrentarse a la realidad de lo desconocido, a todo aquello que no puede controlar.

Con Kitty estaba utilizando la negación, activé todos sus mecanismos.

"El pensamiento de que esta vida, tal como la hemos vivido, tendrá que ser revivida otra vez, y una cantidad innumerable de veces, que no habrá nada nuevo y que tanto las cosas más grandes como las más pequeñas volverán para nosotros en la misma sucesión y en el mismo orden, este pensamiento es tal que puede sumir en la desesperación al hombre aparentemente más fuerte. [Y sin embargo] hay que alcanzar la voluntad de querer que retorne todo lo que ya ha sucedido, de querer en lo sucesivo todo lo que acontecerá. Hay que amar la vida y a nosotros mismos más allá de todo límite para no poder desear otra cosa que esta eterna y suprema confirmación."

POEMA IX (PABLO NERUDA)
20 poemas de amor y una canción desesperada

Ebrio de trementina y largos besos,
estival, el velero de las rosas dirijo,
torcido hacia la muerte del delgado día,
cimentado en el sólido frenesí marino.

Pálido y amarrado a mi agua devorante
cruzo en el agrio olor del clima descubierto,
aún vestido de gris y sonidos amargos,
y una cimera triste de abandonada espuma.

Voy, duro de pasiones, montado en mi ola única,
lunar, solar, ardiente y frío, repentino,
dormido en la garganta de las afortunadas
islas blancas y dulces como caderas frescas.

Tiembla en la noche húmeda mi vestido de besos
locamente cargado de eléctricas gestiones,
de modo heroico dividido en sueños
y embriagadoras rosas practicándose en mí.

Aguas arriba, en medio de las olas externas,
tu paralelo cuerpo se sujeta en mis brazos
como un pez infinitamente pegado a mi alma
rápido y lento en la energía subceleste.

VIII DEL CORAZÓN

Del corazón, el fuego,
del alma, lo eterno.
De tus ojos, estrellas,
de tus labios el firmamento.
De tus manos las palomas,
de tu piel el eco de mi deseo
desgrana cada centímetro,
corazón, inerte, herido
en ti... vivo.

Mi cabeza seguía dándole vueltas a mi situación con Kitty, cualquier excusa era buena para poder pasar unas horas juntas cuando nuestros compromisos nos dejaban tiempo. Ninguna de las dos se atrevía a decir abiertamente las ganas locas que teníamos de mirarnos a los ojos, de que nos faltaba el aire de éste amor que crecía y que ya no quedaba duda que no habría marcha atrás.

Ella, me conocía perfectamente, se daba cuenta de mis temores, mis dudas, mi desconfianza, dejaba que yo, poco a poco fuese sintiendo, perdiendo mis miedos, mi sufrimiento por la pérdida instalada en mi corazón tiempo atrás. Iba arrancando suavemente toda espina, curando mis heridas a fuerza de amor.

Me había dedicado a mi hijo, el gran amor de mi vida y a mi trabajo, no entraba en mis planes volver a enamorarme, ni siquiera me lo planteaba, me había acostumbrado a la soledad de mis noches, y cuando en alguna ocasión me venían las ganas de abrazarme a la almohada, lo lanzaba fuera como si de un demonio se tratase. A veces unas lágrimas llegaron saladas hasta las comisuras de mis labios. Sí, echaba de menos con quien compartir mi vida y avanzar como dos bueyes campo a través, sembrando la creciente cosecha.

Me fui endureciendo con los años, al menos esa es la imagen que quería que los demás viesen de mí. Una persona lejana, fría, cuando mi corazón latía por dentro y se quemaba en el amor que llevaba y pedía libertad a gritos.

Fui capaz de construir una barrera, tan alta que ni yo misma llegaba a ver lo que había al otro lado. Lo que no sabía que la testarudez de Kitty llevaba incorporada una escala para subir hasta lo más alto del firmamento.

Rompía una y otra vez los esquemas falsos del amor que me había forjado, sin querer darme cuenta que lo único que estaba haciendo era rechazar la realidad que me hacía daño.

Reitero que el amor duele, claro que duele, pero termina doliendo más no amar o amar sin ser correspondido.

Todos tenemos nuestras formas de autoengaño, una felicidad efímera, inventada.

"La belleza exterior según Sócrates no viene de afuera, sino de adentro del cuerpo humano (de su sangre, de sus huesos, de sus genes, de sus tripas). En cambio, la belleza interior, viene de afuera, de la luz del espíritu concentrada en el alma del ser. La belleza exterior es un anuncio, una muestra, un letrero luminoso que nos dice que la belleza existe. La belleza interior, la que no se muestra, la que está escondida, hay que buscarla, desenterrarla debajo de la tersa piel que nos excita e incita. Eso es posible hacerlo sólo después que hemos conocido la belleza exterior, porque si no la hubiéramos una vez conocido, desde fuera, nunca podríamos reconocerla hacia adentro. A través de la belleza exterior aprendemos a conocer a "la idea de la belleza".

Las dos bellezas, la de "los adentros" y la de "las afueras", no son coincidentes. Pero, las dos vienen de un origen divino. Son las dos Afroditas de la mitología griega. En ese punto están de acuerdo todos los asistentes al Banquete. A las dos hay que amarlas, pero de modo distinto".

Sonó el teléfono, estaba terminando mi jornada de trabajo, era la Ninfa encarnada en Kitty. Rara vez solía dar muestras de cansancio, y en parte también nos parecíamos, callábamos nuestros problemas, nuestras incertidumbres. Siempre la sonrisa a flor de piel.

¡Carlota! No acepto un no como respuesta, y si tienes algún compromiso o has de llegar pronto a casa, ya puedes ir llamando y cancelando todo, avisa que volverás tarde. -Kitty no tomó ni aire para soltar todas las palabras.

Pero… -No termino de hablar Carlota.

¡Ni peros ni leches! –Añadió la Diosa sin dar lugar a poder decir nada.

Por mi cabeza pasaron todo tipo de situaciones, algo así como te voy a besar aunque me rechaces, es lo que más rondaba en la ensalada mental que tenía desde que miré sus ojos por primera vez. Su ímpetu era arrollador.

Mis nervios entraron en ebullición, no sabía si iba a salir ardiendo a lo bonzo, entre ese amor que me quemaba por dentro y que cada vez que me veía con ella, temía perder mi control. Con el paso de los días, me di cuenta que el control lo tenía perdido desde el principio.

Sinceramente aunque mis razones me decían que era una locura, mi corazón quería enloquecer con ella.

Cuanto más trataba de rechazarla más me enamoraba de ella.

Los cimientos y murallas que había construido en toda mi vida, comenzaban a desquebrajarse, unas veces lento y otras a una velocidad de vértigo.

Todo aquello que construí, aquella coraza que de acero forjé, con sentimientos, con dolor, con lágrimas. Comenzaba a caer por las laderas estrellándose y hundiéndose en las profundidades del dolor que tanto me había marcado.

Con Kitty el dolor iba desapareciendo, ejercía sobre mí esa paz, ese descanso y tranquilidad que tanto me pedía mi corazón. El hogar del guerrero, que vuelve de la batalla de la vida, y que como un niño se abraza para que lo acune la dama enamorada.

El guerrero sin armadura, fiero león empuñando la espada, en los brazos de su amada, las lágrimas, el amor, la ternura, el deseo…

TE AMO de Pablo Neruda

Te amo,
te amo de una manera inexplicable,
de una forma inconfesable,
de un modo contradictorio.
Te amo
con mis estados de ánimo que son muchos,
y cambian de humor continuamente.
por lo que ya sabes,
el tiempo, la vida, la muerte.
Te amo...
con el mundo que no entiendo,
con la gente que no comprende,
con la ambivalencia de mi alma,
con la incoherencia de mis actos,
con la fatalidad del destino,
con la conspiración del deseo,
con la ambigüedad de los hechos.
Aún cuando te digo que no te amo, te amo,
hasta cuando te engaño, no te engaño,
en el fondo, llevo a cabo un plan,
para amarte mejor.
Te amo...
sin reflexionar, inconscientemente,
irresponsablemente, espontáneamente,
involuntariamente, por instinto,
por impulso, irracionalmente.
En efecto no tengo argumentos lógicos,

ni siquiera improvisados
para fundamentar este amor que siento por ti,
que surgió misteriosamente de la nada,
que no ha resuelto mágicamente nada,
y que milagrosamente, de a poco, con poco y nada
ha mejorado lo peor de mí.
Te amo,
te amo con un cuerpo que no piensa,
con un corazón que no razona,
con una cabeza que no coordina.
Te amo
incomprensiblemente,
sin preguntarme por qué te amo,
sin importarme por qué te amo,
sin cuestionarme por qué te amo.
Te amo
sencillamente porque te amo,
yo mismo no sé por qué te amo.

IX BESO

Miré sus ojos, quería perderme en ellos y dejarme llevar. Ella me miraba, sonreía cada vez que los pensamientos me absorbían. Caminamos sin un rumbo fijo, hubo un momento que nuestros pasos se hicieron más lentos, la Diosa volvió a mirarme, clavo sus ojos en los míos, el fuego, mis sentimientos me quemaban por dentro, tendió su mano hacía mi cabello, y en suave caricia colocó un mechón. Tomo mi brazo y se aferró a él, con infinita ternura.

Sin darnos cuenta que el cielo se había tornado gris, comenzando a caer las primeras gotas, en segundos se convirtió en un aguacero, nos miramos, reímos y salimos corriendo. No teníamos donde guarecernos del agua torrencial que estaba cayendo. Entre risas llegamos al sitio que habíamos dejado aparcado el coche, estábamos en la Quinta del pardo.

Había oscurecido y con la tormenta, ya no se veía a nadie por allí, apenas se distinguían algunas luces de automóviles que pasaban cerca. No conseguía abrir las puertas del coche, por fin, y ya cuando estuvimos dentro, y viéndonos empapadas hasta los huesos, las risas se tornaron en carcajadas.

De pronto nos quedamos en silencio, nuestras miradas ansiadas se encontraron, nuestros labios se fundieron, tímidos al principio, en el amor a borbotones irradiando nuestros más profundos sentimientos. Cálidos, tiernos, apasionados. El fuego nos quemaba y nuestros caballos galopaban hasta el infinito.

BESOS (Gabriela Mistral)

Hay besos que pronuncian por sí solos
la sentencia de amor condenatoria,
hay besos que se dan con la mirada
hay besos que se dan con la memoria.

Hay besos silenciosos, besos nobles
hay besos enigmáticos, sinceros
hay besos que se dan sólo las almas
hay besos por prohibidos, verdaderos.

Hay besos que calcinan y que hieren,
hay besos que arrebatan los sentidos,
hay besos misteriosos que han dejado
mil sueños errantes y perdidos.

Hay besos problemáticos que encierran
una clave que nadie ha descifrado,
hay besos que engendran la tragedia
cuantas rosas en broche han deshojado.

Hay besos perfumados, besos tibios
que palpitan en íntimos anhelos,
hay besos que en los labios dejan huellas
como un campo de sol entre dos hielos.

Hay besos que parecen azucenas
por sublimes, ingenuos y por puros,
hay besos traicioneros y cobardes,
hay besos maldecidos y perjuros.

Judas besa a Jesús y deja impresa
en su rostro de Dios, la felonía,
mientras la Magdalena con sus besos
fortifica piadosa su agonía.

Desde entonces en los besos palpita

el amor, la traición y los dolores,
en las bodas humanas se parecen
a la brisa que juega con las flores.

Hay besos que producen desvaríos
de amorosa pasión ardiente y loca,
tú los conoces bien son besos míos
inventados por mí, para tu boca.

Besos de llama que en rastro impreso
llevan los surcos de un amor vedado,
besos de tempestad, salvajes besos
que solo nuestros labios han probado.

¿Te acuerdas del primero...? Indefinible;
cubrió tu faz de cárdenos sonrojos
y en los espasmos de emoción terrible,
llenáronse de lágrimas tus ojos.

¿Te acuerdas que una tarde en loco exceso
te vi celoso imaginando agravios,
te suspendí en mis brazos... vibró un beso,
y qué viste después...? Sangre en mis labios.

Yo te enseñé a besar: los besos fríos
son de impasible corazón de roca,
yo te enseñé a besar con besos míos
inventados por mí, para tu boca.

Volvimos totalmente en silencio, ninguna de las dos pronunciaba palabra, la acerqué hasta la puerta de su casa. Me miró y me besó en la mejilla, noté el miedo en sus ojos, el temor y a la vez el brillo de nuestro interminable beso.

Aquel beso confirmó lo que las dos sentíamos, nuestros labios sacaron las palabras, los sentimientos silenciados, volaron nuestras almas, fusionadas en una sola. Seguíamos sin articular palabra, Kitty miró el reloj, abrió la puerta del coche y se bajó, antes de volver a cerrar la puerta, sus ojos se volvieron a clavar en los míos, ojos de fuego y luna llena, apenas entendí su susurro…

La boca tiene sed, para qué están tus besos.
El alma está incendiada de estas brasas que te aman.
El cuerpo incendio vivo que ha de quemar tu cuerpo.
De sed. Sed infinita. Sed que busca tu sed.
Y en ella se aniquila como el agua en el fuego.

SED DE TI (Pablo Neruda)

Sed de ti me acosa en las noches hambrientas.
Trémula mano roja que hasta su vida se alza.
Ebria de sed, loca sed, sed de selva en sequía.
Sed de metal ardiendo, sed de raíces ávidas...

Por eso eres la sed y lo que ha de saciarla.
Cómo poder no amarte si he de amarte por eso.
Si ésa es la amarra cómo poder cortarla, cómo.
Cómo si hasta mis huesos tienen sed de tus huesos.

Sed de ti, guirnalda atroz y dulce.

Sed de ti que en las noches me muerde como un
perro.

Los ojos tienen sed, para qué están tus ojos.

X AMOR

Los días pasaron lentos, las ganas de volver a ver a Kitty se convirtieron en ansiedad, apenas hablábamos por teléfono, sus temores le tenían intranquila, es la primera vez que sentía tanta atracción por una mujer.

Los cánones impuestos en una sociedad como la nuestra, hipócrita, donde primaba y prima más el qué dirán que vivir nuestra sexualidad abiertamente y sin problemas.

Se han quedado atrás luchas interminables no por ser reconocidos, no necesito que mi sexualidad y lo que haga en mi intimidad sea de dominio público, pero sí como ciudadana, tengo que tener libertad de escoger todos los derechos legales como cualquier persona. El amor no entiende de documentos, ni de sexos, ni siquiera de religiones ni de políticas. El amor se siente y hay que liberarlo.

Por aquellos años, muchas personas rechazaban a otros por el mero hecho de ser homosexual, dependiendo en la familia que nacieses era un escándalo, si encima estabas casada, gran escándalo y se agravaba si tenías hijos. A día de hoy, sigue ocurriendo, me atrevería a decir que incluso va por modas. Pon un amigo homosexual en tu vida que es muy "chip", ahora casi todo el mundo tiene un amigo o familiar gay o lesbiana. ¿Hipócrita? Cada uno que piense como quiera, el pensamiento es libre, al igual que yo soy libre para decidir con quién quiero compartir mi vida.

El amor va más allá de toda barrera social impuesta, es cierto que podemos decidir qué hacer con nuestras vidas, y hay quien elige ocultarse, o bien vivirlo en total plenitud. Nadie es mejor o peor por vivir en comunión con sus sentimientos. Simplemente no vive ni en la cobardía, ni en la hipocresía.

Kitty tenía que romper muchas barreras sociales, para poder seguir acercándose a mí, realmente las únicas barreras que debemos echar abajo son las que nuestra mente nos crea.

Quería y deseaba ver a la Diosa, en cambio, ahora era yo, la que le cedía los tiempos para que poco a poco, fuese adaptándose a ésta nueva realidad que era la nuestra… sus temores a veces se tornaban en confusión, otras en indecisión.

Ese primer beso, nos estaba enamorando segundo a segundo, cada vez más hasta sentir que el aire nos faltaba si no estábamos juntas.

Yo también tenía mis propios temores, quedaban las cicatrices de ese amor que fue y no pudo seguir siendo, y desde entonces, no me había comprometido, cuando notaba que me podía enamorar de una mujer, mis piernas podían ser las que dieran mejor puntuación en una maratón. Me negaba a ningún compromiso, no quería más sufrimiento en mi vida.

Inocente de mí, lo que no sabía es que había llegado el momento.

El amor no se detiene para llamar a la puerta y avisar que llega. Entra sin previo aviso, directo al corazón. Abriendo todas las puertas y ventanas de par en par, dejándonos a la intemperie, expuestos, desnudos nuestros más profundos rincones.

El amor, es el manantial de la vida, los rayos de sol que nos iluminan incluso cuando hay tormenta, el abrigo que nos resguarda del frío, el abrazo que acuna nuestras debilidades, el león que ruge en la fortaleza…

Nunca sabes cómo y dónde va a suceder, simplemente sucede, y por mucho que la razón se interponga en el camino del corazón, si es amor verdadero, se graba a fuego para siempre. El amor no muere nunca, puede caer inerte el cuerpo, incluso la separación, de ahí se podría desprender que en nuestra vida pueda haber, tres amores. Muerte, Crecimiento y vida.

Muerte, por el que lo mata y no lo deja vivir libre.

Yo no lo quiero, Amada.
Para que nada nos amarre
que no nos una nada.
Ni la palabra que aromó tu boca,
ni lo que no dijeron las palabras.
Ni la fiesta de amor que no tuvimos,
ni tus sollozos junto a la ventana.
(Fragmento de Farewell) Pablo Neruda

Crecimiento, por aquel en el que se crece como personas.

POEMA 01... PABLO NERUDA

Cuerpo de mujer, blancas colinas, muslos blancos,
te pareces al mundo en tu actitud de entrega.
Mi cuerpo de labriego salvaje te socava
y hace saltar al hijo del fondo de la tierra.

Fui sólo como un túnel. De mí huían los pájaros,
y en mí la noche entraba en su invasión poderosa.
Para sobrevivirme te forjé como un arma,
como una flecha en mi arco, como una piedra en mi honda.

Pero cae la hora de la venganza, y te amo.
Cuerpo de piel, de musgo, de leche ávida y firme.
¡Ah los vasos del pecho! ¡Ah los ojos de ausencia!
¡Ah las rosas del pubis! ¡Ah tu voz lenta y triste!

Cuerpo de mujer mía, persistiré en tu gracia.
Mi sed, mi ansia sin límite, mi camino indeciso!
Oscuros cauces donde la sed eterna sigue,
y la fatiga sigue y el dolor infinito.

Vida, por aquel que es el regalo de la madurez,
donde compartir nuestras experiencias, un amor
maduro, sabio.

TESTAMENTO DE OTOÑO (P. Neruda)

Yo que tuve y lo que no tuve,
lo que soy y lo que no soy.
Mi amor es un niño que llora,
no quiere salir de tus brazos,
yo te lo dejo para siempre:
eres para mí la más bella.
(...)
Qué puedo dejarte si tienes,
"... ... ...", en tu contacto
ese aroma de hojas quemadas,
esa fragancia de frutillas
y entre tus dos pechos marinos
el crepúsculo de Cauquenes
y el olor de peumo de Chile?
(...)
Te debo el otoño marino
con la humedad de las raíces,
y la niebla como una uva,
y el sol silvestre y elegante:
te debo este cajón callado
en que se pierden los dolores
y sólo suben a la frente
las corolas de la alegría.

Todo te lo debo a ti,
tórtola desencadenada,
mi codorniza copetona,
mi jilguero de las montañas,
mi campesina de Coihueco.
Alguna vez si ya no somos,
si ya no vamos ni venimos
bajo siete capas de polvo
y los pies secos de la muerte,
estaremos juntos, amor,
extrañamente confundidos.
Nuestras espinas diferentes,
nuestros ojos maleducados,
nuestros pies que no se encontraban
y nuestros besos indelebles,
todo estará por fin reunido,
pero de qué nos servirá
la unidad de un cementerio?
Que no nos separe la vida
y se vaya al diablo la muerte!

XI PASIÓN

El camino se nos hizo interminable hasta llegar a la casa de la sierra norte de Madrid. Podíamos escuchar el palpitar agitado de nuestros corazones. Las dos hablábamos incoherencias, unas veces risas, otras, timidez ahogada en las palabras que silenciábamos. Mi mano, cada vez que iba a cambiar la marcha, y rozaba unas veces sin querer y otras queriendo la pierna de la Diosa, notaba como de un respingo se ponía firme en el asiento presintiendo lo que iba a ocurrir cuando llegásemos a nuestro destino.

Sabía que las dos, guardamos en los cajones de nuestra cómoda, todos aquellos miedos que nos atenazaban. Por muchas presiones que rondasen en nuestras cabezas, nuestros corazones, nuestros cuerpos estaban a punto de estallar en fuegos artificiales, quemándonos hasta el infinito.

Llegamos, las dos temblábamos, nos quedamos un rato sumidas en el más absoluto silencio, sin salir del coche. No éramos capaces ni de mirarnos a los ojos, por aquella timidez que nos vencía como si fuésemos dos adolescentes.

Tomé su mano, Kitty dio un salto. Sus ojos se perdieron durante unos minutos. Su sonrisa entre la picardía y la ternura, guardaba suspiro tras suspiro entre sus labios.

Cuando entramos en la casa, el frío nos calaba hasta los huesos, llevaba mucho tiempo sin recibir visita alguna y todas las estancias estaban congeladas. Nuestro amor y nuestras ganas por tenernos, nos abrasaban por dentro, por fuera seguíamos temblando como las hojas de los árboles cuando las mece el viento.

Nos echamos a reír, la casa estaba tan helada que nuestros temblores de amor se convirtieron en temblores de frío. Si calentábamos la casa, el poco tiempo que teníamos se nos escaparía.

Miré a la Ninfa convertida en mujer, el fuego que nos quemaba por dentro hacía frente al frío que teníamos. La atraje hacía mí, suavemente, clavé mi mirada en sus ojos. Kitty iba a decir algo, sellé sus palabras con mis labios, temblorosos, besando sus comisuras lentamente, abriéndolos suave, con ternura, dando paso a la pasión que no entiende de corduras.

Besos que arrasaban con cada temor, cada herida que borraba cada lapso de realidad, besos que vivían para morir en su boca, reviviendo una y otra vez.

Nuestra respiración cada vez más entrecortada, Kitty sin apenas separarse de mí, señaló una puerta con sus ojos, realmente ni sé cómo llegamos hasta ella, ya que nuestros labios no podían separarse, conociéndose, descubriéndose, amándose.

Estábamos enloqueciendo de amor, de tierna pasión.

Kitty, fue apartando su timidez, y el frío de la casa, fuimos derritiéndolo en tierna poesía.

Fuimos despojándonos de nuestra ropa, a veces sin prisas, a veces con ansias, labios con besos que volaban por cada milímetro del cuero que nos iba dejando la desnudez de nuestra vestimenta repartida por toda la pieza. Lentas caricias que iban descubriendo la piel…

Temblaban nuestros cuerpos al ritmo de nuestro acelerado corazón, nos tumbamos en la cama, el aroma de nuestra piel se fundía en uno sólo. Volvimos a unir nuestras bocas en el profundo beso que hace perder el sentido, nuestras lenguas se conquistaban como la luna conquista al sol.

Mis labios sedientos de ella, la recorrieron con la ternura y suavidad de los pétalos de rosa, con la belleza de las margaritas al amanecer. Vibraban nuestros cuerpos como dos yeguas cabalgando en la inmensidad de las praderas.

Paseé mis labios por todo su rostro, mis manos como las alas de las aves, revoloteaban por todas las notas musicales del pentagrama de su cuerpo.

Fui bajando lentamente, todo lo que las llamas de mis entrañas me dejaban. Seguí paseando hasta llegar a sus senos, sus pezones erguidos me pedían a gritos que los hiciesen míos...

La Diosa, se revolvía entre las sábanas, la locura nos invadía... nos abrasaban en las dulces llamas de la hoguera del amor...

Me amanté de sus pechos hasta la extenuación, tenía hambre de ella... seguí el paso de mis labios y mi lengua, conquistando los territorios prohibidos de la Ninfa, cuando creía que iba a enloquecer, bajaba el ritmo y volvía a besarla, calmándola.

Volvía a volver a su piel desnuda, recorriéndola en mi apasionado, vigoroso trotar. Una de mis manos, acariciaba sus muslos, podía palpar la humedad, mientras mis labios seguían perdiéndose por todos los rincones…

Volví de nuevo a besarla, y sin terminar el beso, mientras miraba su bella desnudez mis manos bajaban, atrayendo sus caderas hacía mí. No pude ni quise resistir la tentación que también quemaba mi sexo.

Fui apartando suavemente sus piernas, dejando a la vista su sexo, mi boca y mis manos se perdían entre el monte de Venus y sus muslos, podía oler su humedad y contemplar su tesoro oculto…

Entonces sentí a Kitty su mano que perdiendo toda timidez empujó mi nuca. No podía más, necesitaba sentirme, necesitaba sentirla…

Mi boca, mi lengua, mis manos... se zambulleron en su sexo apresurado, mi deleite en infinitas delicias, cuanto más la amaba más deseo crecía, era mía, la estaba haciendo mía...

Kitty no pudo contenerse más, la explosión del amor... bebiendo todos sus jugos, no paré, su clítoris entre temblores me recibía una y otra vez, sus contracciones fueron bajando poco a poco, y de nuevo aumenté el ritmo, entrando en ella. Cabalgándola al mismo tiempo que mi lengua dibujaba el paraíso en su clítoris y mis labios lo aferraban para que no se escapase. La diosa creía morir, "petite mort" cuando volvió a estallar entre pinceladas multicolor...

Puse mi mano sobre su sexo, mientras seguía inundándome con los más exquisitos manjares, sabía que de esa forma le alargaría el placer...

Como pudo, la Diosa, me subió hacia ella, apretados nuestros cuerpos, la besaba una y otra vez, aún apenas si podía respirar... y con mis besos la calmaba...

La calma duró poco tiempo... la aprendiza del amor, se volvió hacía mí y sin darme ya ninguna tregua, se perdió por todos los poros de mi piel.

La luz que de tus pies sube a tu cabellera...
(P. Neruda)

La luz que de tus pies sube a tu cabellera,
la turgencia que envuelve tu forma delicada,
no es de nácar marino, nunca de plata fría:
eres de pan, de pan amado por el fuego.

La harina levantó su granero contigo
y creció incrementada por la edad venturosa,
cuando los cereales duplicaron tu pecho
mi amor era el carbón trabajando en la tierra.

Oh, pan tu frente, pan tus piernas, pan tu boca,
pan que devoro y nace con luz cada mañana,
bien amada, bandera de las panaderías,

una lección de sangre te dio el fuego,
de la harina aprendiste a ser sagrada,
y del pan el idioma y el aroma.

XII EL CAPRICHO

Salí pronto de casa, los rayos de sol, aún tímidos despertaban en el firmamento y el rocío de la mañana. En ese momento vinieron imágenes de mi tierra, campos cubiertos de mantos de olivo, mares verdes resurgiendo de las profundidades. El olor, mezclándose con el trotar de mi caballo, rozando el viento sobre mi rostro. Recorriendo el con fin de la eternidad, donde nace la vida y se nutre...

OLIVO DEL CAMINO (III) Antonio Machado

Busque tu rama verde el suplicante
para el templo de un dios, árbol sombrío;
Deméter jadeante
pose a tu sombra, bajo el sol de estío.

Que reflorezca el día
en que la diosa huyó del ancho Urano,
cruzó la espalda de la mar bravía,
llegó a la tierra en que madura el grano.
Y en su querida Eleusis, fatigada,
sentóse a reposar junto al camino,
ceñido el peplo, yerta la mirada,
lleno de angustia el corazón divino...
Bajo tus ramas, viejo olivo, quiero
un día recordar del sol de Homero.

Desde niña, me he nutrido de la naturaleza, de su gran belleza, de su energía, de la sabiduría que nos entrega la madre tierra. En todos mis estados me acoge, si siento alegría me inunda con la inmensidad de su belleza, si siento tristeza me libera en su libertad.

Ese día había despertado enredada en mis sueños, apenas si había podido cerrar mis ojos, ella, la Diosa se estaba enraizando no sólo en mi corazón, lo iba haciendo en todas y cada una de las partes que conformaban mi cuerpo y mi mente, cual enredadera crecía imparable por todos los rincones.

Me dirigí a mi espacio más cercano entre el cielo y la tierra, necesitaba estar sola, en silencio, caminar y recorrer cada trocito de la belleza y siempre acogedora madre tierra. Necesitaba perderme en mí, la mujer cerebral estaba siendo vencida por el corazón, me repetía una y otra vez a mi misma. Quería convencerme que era imposible que corazón y mente pudieran vivir en completa comunión. Cierto es que cada parte, tenía que ceder parte de sí mismas.

Mi imagen, mi máscara hacia el mundo exterior no la quería perder, tampoco quería hacerlo con la Ninfa convertida en mujer.

No es lo mismo desnudarse que quedarse desnuda ante los ojos del mundo.

"PODRÁN CORTAR TODAS LAS FLORES, PERO NO PODRÁN DETENER LA PRIMAVERA."
Pablo Neruda

Fui caminando por los senderos más apartados hasta llegar al estanque, seguía absorta en mis pensamientos, sólo acompañada por el perfume de la belleza y la brisa acariciando mi rostro.

Quise tener alas y echar a volar por el mar azul del firmamento, recordé en ese momento a mi abuelo. Él sabía que podía volar, aún sin tener alas físicas. Volar es la libertad del pensamiento donde las fronteras de lo físico y la psique, se confrontan, se fusionan, se agarran firmemente.

EL LIBRO DE PREGUNTAS
Fragmento (P. Neruda)

A quién le puedo preguntar
qué vine a hacer en este mundo?

Por qué me muevo sin querer,
por qué no puedo estar inmóvil?

Por qué voy rodando sin ruedas,
volando sin alas ni plumas...

Sumida en mis profundidades, acariciándome los rayos del sol, llenándome de fuerza, del valor que sólo se contemplan en la naturaleza que ruge, irrumpiendo sobre la tierra.

Más no hay nada y hay todo.

En las aguas del estanque contemplé el reflejo del todo y la nada, difuminándose las imágenes como en la vida misma, ¿cuál es la imagen imperfecta que en sí guarda la perfección? ¿Lo que vemos reflejado en el Espejo de las aguas? La vida son imágenes, sentidos, sentimientos, recuerdos. Emociones.

Si no hay recuerdo, el alma se ahoga y se muere en su propio olvido. Arrancando toda y cada una de las cosas por las que vivimos.

Estaba viviendo y sintiendo mi particular sueño de Polífilo, creando con mis ojos, la maravillosa oda al amor que nos nace dentro y se intensifica en el exterior.

Los versos del Capitán
La Infinita
Pablo Neruda

Ves estas manos? Han medido
la tierra, han separado
los minerales y los cereales,
han hecho la paz y la guerra,
han derribado las distancias
de todos los mares y ríos,
y sin embargo
cuanto te recorren
a ti, pequeña,
grano de trigo, alondra,
no alcanzan a abarcarte,
se cansan alcanzando
las palomas gemelas
que reposan o vuelan en tu pecho,
recorren las distancias de tus piernas,
se enrollan en la luz de tu cintura.
Para mí eres tesoro más cargado
de inmensidad que el mar y sus racimos
y eres blanca y azul y extensa como
la tierra en la vendimia.
En ese territorio,
de tus pies a tu frente,
andando, andando, andando,
me pasaré la vida.

XIII DESEO

Deseaba enredarme en todas tus estancias, jardines prohibidos para los mortales. Saciarme del perfume que habita en ti y duerme en tus entrañas. Y mis labios que se conviertan en tus alas de todos tus rincones que duermen tu madrugada.

Que mis dedos fueron las plumas que invadieron en el mundo de Morfeo, navegando y surcando tus mares, enredados y guardando tus sueños. Más mi patria fue corazón que me iba conquistando, cual descubridor en la historia puede ser olvidado y en tus quimeras arribado.

DESEO (Federico García Lorca)

Sólo tu corazón caliente,
Y nada más.
Mi paraíso, un campo
Sin ruiseñor
Ni liras,
Con un río discreto
Y una fuentecilla.
Sin la espuela del viento
Sobre la fronda,
Ni la estrella que quiere
Ser hoja.
Una enorme luz
Que fuera
Luciérnaga
De otra,
En un campo de
Miradas rotas.
Un reposo claro
Y allí nuestros besos,
Lunares sonoros
Del eco,
Se abrirían muy lejos.
Y tu corazón caliente,
Nada más.

Me mostraste tu belleza a estos ojos agotados de lágrimas, de aquel pasado que se iba alejando, que iba enmudeciendo según pasaban los años. Me mostraste la hoguera que calentaba el hogar de tu corazón y te mantenía intacta todas las primaveras que vieron tus ojos.

Me mostraste tu vida con la magia de las hadas, me despertaste de ese letargo en el que quedó sumido el corazón pecado, el pecado que en los tiempos me acompañaba y me enseñó a pecar. Porque si tu boca fue pecado, el castigo eterno seguirá en mí. Porque pecado fue tu boca, y en las llamas del firmamento, firmé mi sentencia.

El deseo me quemaba por fuera y por dentro. Fuente inagotable de vida que trepaba por una escala directa al cielo, para fundir mis ojos en los colores del arco iris.

ARCO IRIS (Mario Benedetti)

A veces
por supuesto
usted sonríe
y no importa lo linda
o lo fea

lo vieja
o lo joven
lo mucho
o lo poco
que usted realmente
sea
sonríe
cual si fuese
una revelación
y su sonrisa anula
todas las anteriores
caducan al instante
sus rostros como máscaras
sus ojos duros
frágiles
como espejos en óvalo
su boca de morder
su mentón de capricho
sus pómulos fragantes
sus párpados
su miedo
sonríe
y usted nace
asume el mundo
mira
sin mirar
indefensa

desnuda
transparente
y a lo mejor
si la sonrisa viene
de muy
de muy adentro
usted puede llorar
sencillamente
sin desgarrarse
sin desesperarse
sin convocar la muerte
ni sentirse vacía
llorar
sólo llorar
entonces su sonrisa
si todavía existe
se vuelve un arco iris.

Mis encuentros con la Diosa comenzaron furtivos, era como si tratásemos que nada ni nadie nos robase el amor que crecía imparable en nosotras. Los lazos invisibles que iban construyendo los cimientos en las que echaríamos raíces como ya lo estaban haciendo nuestros corazones.

Nuestros paseos se convertían en gaviotas sobrevolando la maravillosa inmensidad del firmamento. El brillo de nuestros ojos que cada vez que se encontraban deleitaban a la otra con el rostro ruborizado, los árboles, los jardines, las fuentes, las estatuas que erguidas, silenciosas y discretas, nos clavaban su mirada por allá donde pasábamos.

Nuestras manos se unían, cuando considerábamos que no había nadie, nuestros labios robaron tantos besos apresurados en aquellos paseos. Siempre que disponíamos de un breve espacio de tiempo, lo compartíamos, incluso en el silencio de las sinfonías.

CIEN SONETOS DE AMOR de Pablo Neruda

No te amo como si fueras rosa de sal, topacio
o flecha de claveles que propagan el fuego:
te amo como se aman ciertas cosas oscuras,
secretamente, entre la sombra y el alma.

Te amo como la planta que no florece y lleva
dentro de sí, escondida, la luz de aquellas flores,
y gracias a tu amor vive oscuro en mi cuerpo
el apretado aroma que ascendió de la tierra.

Te amo sin saber cómo, ni cuándo, ni de dónde,
te amo directamente sin problemas ni orgullo:

así te amo porque no sé amar de otra manera,

sino así de este modo en que no soy ni eres,
tan cerca que tu mano sobre mi pecho es mía,
tan cerca que se cierran tus ojos con mi sueño.

Mis labios buscaban sus labios, unimos nuestras bocas en dulces, furtivos, apasionados besos, unas veces calmados, otras, salvajes cual yegua desbocada.

El pudor de los primeros encuentros se convirtió en el deseo en plenitud. Nos gustaba jugar al amor, aumentar nuestros más profundos y ocultos anhelos. Sus labios ya se habían convertido en tan experimentados en las artes del amor con otra mujer, como los míos. Me buscaban cuando yo, me perdía en mi mundo o trataba de hacerme la despistada.

Aquella vez dormía, Posó sus labios por ni nuca y mi cuello, los recorría lentamente, no me dejaba moverme, mi respiración crecía al ritmo de mi deseo que nunca dormía, tanto si estábamos juntas como si no. Dormitando, con el alma y el cuerpo aún encendido en las brasas del deseo, con las sábanas aún húmedas por el sudor de la lucha cuerpo a cuerpo y nuestros jugos, elixir de vida…

Fluye como manantial,
esquivando cada obstáculo…,
brotan flores blancas
hasta la cúpula del almendro…
germinando la vida.
Fluyendo el agua,
en ti, bendita.
Luce,
brillante y radiante al sol,
dando la bienvenida
las margaritas vestidas de gala,
las cigarras en sinfonía con el viento,
acariciando el violín
de tu alma, tus anhelos.

Me sujetó con la fortaleza de un león y la suavidad con la que camina una pantera en la noche. Mi nuca, mi cuello, mi espalda, mis nalgas, mis piernas, fueron hechas prisioneras por su boca, sus manos, sus pechos… que inundaban cada milímetro de mi piel… noté su humedad… eso me enloquecía aún más en el deseo… Ella seguía sujetándome…

Yacía de espaldas, tembloroso mi cuerpo al sentir el suyo pegado a mí, notaba como su boca se perdía recorriéndome una y otra vez mi cuello, sus pechos, pezones erguidos apuntalaban mi piel, su sexo húmedo apretando mis nalgas...

Fue separando su piel de mi piel para seguir jugando con su lengua y sus cálidos labios por toda mi espalda... Bajaba y subía, una y otra vez por toda mi columna vertebral, vibrando, amándome como si fuese la última vez, sus manos y sus dedos se enredaban en interminables caricias...

Sentí que me iba a desmayar, temblábamos, sacudiéndonos sin descanso el amor y la pasión... quería moverme, darme la vuelta, morirme besando esa boca que me estaba elevando a lo más alto...

Deseaba poseerla... hacerla mía... cómo me estaba poseyendo ella a mí.

TU DULZURA (Alfonsina Storni)

Camino lentamente por la senda de acacias,
me perfuman las manos sus pétalos de nieve,
mis cabellos se inquietan bajo céfiro leve
y el alma es como espuma de las aristocracias.

Genio bueno: este día conmigo te congracias,
apenas un suspiro me torna eterna y breve...
¿Voy a volar acaso ya que el alma se mueve?
En mis pies cobran alas y danzan las tres Gracias.

Es que anoche tus manos, en mis manos de fuego,
dieron tantas dulzuras a mi sangre, que luego,
se me llenó la boca de mieles perfumadas.

Tan frescas que en la limpia madrugada de Estío
mucho temo volverme corriendo al caserío
prendidas en mis labios mariposas doradas.

XIV DESTINO

Siempre he pensado que nuestro destino está ligado incluso antes de nacer a nuestras vidas. Por muchos senderos que aparezcan en el camino, estos siempre nos llevaran al sitio que ya de antemano estaba forjado para nosotros. Podemos dar las vueltas que le demos, bordear, al final llegaremos a lo que estaba preparado, desde el inicio, al crecimiento y desarrollo interior.

Por mucho que intentaba rechazar, lo que la vida me estaba brindando, más cerca me sentía de ella. Nuestras energías se atraían y sólo había que dejarlo fluir.

Una y otra vez, le daba vueltas en mi cabeza, la Ninfa, me despojaba de toda razón que mi pensamiento quisiese seguir en contra de lo que mi corazón sentía. Pensaba que no era capaz de razonar con claridad y era todo lo contrario, jamás había tenido tanta claridad para llegar a ese edén de mis sueños y realidades.

EN PAZ de Amado Nervo

Muy cerca de mi ocaso, yo te bendigo, vida,
porque nunca me diste ni esperanza fallida,
ni trabajos injustos, ni pena inmerecida;

porque veo al final de mi rudo camino
que yo fui el arquitecto de mi propio destino;

que si extraje las mieles o la hiel de las cosas,
fue porque en ellas puse hiel o mieles sabrosas:
cuando planté rosales, coseché siempre rosas.

...Cierto, a mis lozanías va a seguir el invierno:
¡más tú no me dijiste que mayo fuese eterno!

Hallé sin duda largas las noches de mis penas;
mas no me prometiste tan sólo noches buenas;
y en cambio tuve algunas santamente serenas...

Amé, fui amado, el sol acarició mi faz.
¡Vida, nada me debes! ¡Vida, estamos en paz!

Mi mirada se perdía en el horizonte, allá donde el sol amanecía alegre y radiante, abriéndose al nuevo día con aires de grandeza. Esa grandeza que sólo el astro rey es capaz de entregar para iluminarnos el camino.

Vagaba por mis pensamientos más profundos, me sentía en paz conmigo misma, más siempre trataba de hallar las respuestas a mis preguntas. Muchas son las veces que nuestras interrogaciones, no dependen de una lógica ni del razonamiento, simplemente suceden, aun escapando a toda comprensión. Simplemente fluye y debemos dejar que ese manantial siga su curso natural.

Seguí caminando, tratando de abrir mi corazón como los pétalos de las flores a un nuevo día, mi sonrisa brillaba tanto o más que mis ojos, esos ojos que en silencio y a solas habían derramado lágrimas furtivas.

Mi corazón comenzaba a ir de la mano con mi razón, equilibrando mis sentimientos y emociones, todo lo que iba sintiendo y que me hacía sentir la Diosa.

Atrapé mis sueños atrayéndolos hasta la tierra y se fusionasen en uno sólo, mi vida, mi sino.

Iba destruyendo todas las dudas que aparecían y lanzándolas bien lejos de mí.

CIEN SONETOS DE AMOR de Pablo Neruda

No te quiero sino porque te quiero
y de quererte a no quererte llego
y de esperarte cuando no te espero
pasa mi corazón del frío al fuego.

Te quiero sólo porque a ti te quiero,
te odio sin fin, y odiándote te ruego,
y la medida de mi amor viajero
es no verte y amarte como un ciego.

Tal vez consumirá la luz de enero,
su rayo cruel, mi corazón entero,
robándome la llave del sosiego.

En esta historia sólo yo me muero
y moriré de amor porque te quiero,
porque te quiero, amor, a sangre y fuego.

Me fui acercando, no sin temor a mi nueva condición en la vida, unas lágrimas rodaron por mis mejillas, me las enjugué y seguí mis pasos…

En ese mismo momento, necesitaba que la Diosa estuviese a mi lado, necesitaba sentir su abrazo, fundirme en ella y descansar en su regazo. De alguna forma lo hice, cerré mis ojos y me conecté con su energía, en ese preciso instante mi teléfono interrumpió mi elevado pensamiento.

La Ninfa volvía a encarnarse en mujer, al otro lado del teléfono su voz, susurraba en mi oído. Quería que nos escapásemos después del trabajo…

"FUEGOS ARTIFICIALES MULTICOLORES RODEABAN MI CORAZÓN…"

DOS CUERPOS de Octavio Paz

Dos cuerpos frente a frente
son a veces dos olas
y la noche es océano.

Dos cuerpos frente a frente
son a veces dos piedras
y la noche desierto.

Dos cuerpos frente a frente
son a veces raíces
en la noche enlazadas.

Dos cuerpos frente a frente
son a veces navajas
y la noche relámpago.

Dos cuerpos frente a frente
son dos astros que caen
en un cielo vacío.

XV CAMINANTE

…Atrás iban quedando los años con sabor agridulce, quedando sólo el recuerdo de lo vivido, la Diosa había conseguido soltar las amarras e izar el ancla para que mi barco pudiese izar la bandera surcando los mares y océanos de mi existencia.

Fueron tantas las lágrimas que sin derramar se vertieron amargas por el constante ir y venir de ese recuerdo que se difuminaba con el vaivén de las olas, golpeando los diques con la furia del huracán hasta derribarlos por completo, dejando entrar el agua, inundando todo tierra adentro.

En ese instante entendí, comprendí que las heridas fueron dejando paso a las cicatrices, la Ninfa convertida en mujer me mostraba el camino, y supe en lo más profundo de mi ser que debía ser así.

CAMINANTE NO HAY CAMINO
Antonio Machado

Todo pasa y todo queda,
pero lo nuestro es pasar,
pasar haciendo caminos,
caminos sobre el mar.
Nunca perseguí la gloria,
ni dejar en la memoria
de los hombres mi canción;
yo amo los mundos sutiles,
ingrávidos y gentiles,
como pompas de jabón.
Me gusta verlos pintarse
de sol y grana, volar
bajo el cielo azul, temblar
súbitamente y quebrarse...
Nunca perseguí la gloria.
Caminante, son tus huellas
el camino y nada más;
caminante, no hay camino,
se hace camino al andar.
Al andar se hace camino
y al volver la vista atrás
se ve la senda que nunca
se ha de volver a pisar.

Caminante no hay camino
sino estelas en la mar...
Hace algún tiempo en ese lugar
donde hoy los bosques se visten de espinos
se oyó la voz de un poeta gritar

"Caminante no hay camino,
se hace camino al andar...
Golpe a golpe, verso a verso...
Murió el poeta lejos del hogar.
Le cubre el polvo de un país vecino.
Al alejarse le vieron llorar.
"Caminante no hay camino,
se hace camino al andar..."
Golpe a golpe, verso a verso...
Cuando el jilguero no puede cantar.
Cuando el poeta es un peregrino,
cuando de nada nos sirve rezar.
"Caminante no hay camino,
se hace camino al andar..."

Golpe a golpe, verso a verso.

La vida nos va proponiendo caminos y nosotros decidimos cuál de ellos tomar para llegar a destino. A veces errados, que nos sirven para crecer como personas, no debemos temerlos ni huir, simplemente vivir la experiencia y volver a retomar la senda que nos llevará implacables a nuestro destino, a la verdadera razón de nuestro existir.

El ser humano, unas veces por miedos, otras por inconsciencias tomamos los caminos equivocados, incluso me atrevería a decir que arrastramos que en ciertos casos, el Karma de vidas pasadas. Cuando esto es así, debemos ahondar en nosotros mismos, e intentar descubrir que es lo que marca nuestra vida actual para poder vivenciar y salir victorioso de esas vivencias, ejecutando lo que venimos a hacer y aprendiendo la lección para pasar a la siguiente.

Esos fantasmas hay que dejarlos ir. Ya que cohabitan en nuestro interior y es cuando se producen las luchas internas. Muchas veces ni nosotros mismos somos capaces de distinguirlos e incluso la lucha resulta infructuosa. Eso se produce porque aún no es el tiempo, aún nuestros ojos no están preparados para ver la luz, esa luz que nos puede cegar y volver a errar en nuestra vida si no estamos preparados.

Cuando se culmina ese aprendizaje, esa preparación. Sea producida por nosotros mismos o por lo exterior, entonces ocurre el milagro, de pronto ves la luz, esa luz tan maravillosa como los mismos rayos del sol que nos alumbra nuestros días… y de pronto, te das cuenta que el lastre que pesaba sobre tus espaldas va dejando paso al alivio, a la recuperación de todos los sentidos, viendo como poco a poco se van intensificando hasta conseguir el máximo esplendor.

No debemos temer esa luz, que imparable llega a nuestros corazones, que abren las puertas y ventanas de par en par, mostrándonos la belleza de la vida, que sumidos en la oscuridad de nuestras murallas, no conseguían divisar el bello paraíso que se nos ofrece día a día.

La Diosa, posó un dedo sobre mis labios, para callar las palabras silenciadas, me besó, dulce, tierna, lentamente, y nos perdimos en ese mar, ya no contenido por ningún dique.

Mi barco izó las velas, surcando las aguas, después de mucho tiempo, volví a retomar el rumbo de mi existencia.

La Diosa también izó sus velas y juntas pusimos rumbo a lo que el destino nos tenía preparado tanto a nivel individual como pareja.

Rima XXIV
Gustavo Adolfo Bécquer

Dos rojas lenguas de fuego
que a un mismo tronco enlazadas
se aproximan y al besarse
forman una sola llama;
dos notas que del laúd
a un tiempo la mano arranca
y en el espacio se encuentran
y armoniosas se abrazan;
dos olas que vienen juntas
a morir sobre una playa
y que al romper se coronan
con un penacho de plata;
dos jirones de vapor
que del lago se levantan
y al juntarse allí en el cielo
forman una nube blanca:
dos ideas que al par brotan,
dos besos que a un tiempo estallan,
dos ecos que se confunden...:
eso son nuestras dos almas.

XVI INMENSIDAD

La vida iluminaba mostrando el camino, como cuando brota la primavera con todo su esplendor, liberando los perfumes que impregnaban nuestros sentidos abriéndose las flores, glamorosas, vestidas de gala para recibir los rayos del sol al amanecer, estallando en infinitas formas y colores.

Semilla de la vida que nace de la tierra, crece del agua y el sol, fertilizándose con el viento que libre surca la inmensidad de ese cielo azul que impasible en el tiempo, nos colma de multitud de regalos sólo con existir.

RIMA IV
Gustavo Adolfo Bécquer

No digáis que, agotado su tesoro,
de asuntos falta, enmudeció la lira;
podrá no haber poetas; pero siempre
habrá poesía.
Mientras las ondas de la luz al beso
palpiten encendidas,
mientras el sol las desgarradas nubes
de fuego y oro vista,
mientras el aire en su regazo lleve
perfumes y armonías,
mientras haya en el mundo primavera,

¡habrá poesía!

Mientras la ciencia a descubrir no alcance
las fuentes de la vida,
y en el mar o en el cielo haya un abismo
que al cálculo resista,
mientras la humanidad siempre avanzando
no sepa a dó camina,
mientras haya un misterio para el hombre,

¡habrá poesía!

Mientras se sienta que se ríe el alma,
sin que los labios rían;
mientras se llore, sin que el llanto acuda
a nublar la pupila;
mientras el corazón y la cabeza
batallando prosigan,
mientras haya esperanzas y recuerdos,

¡Habrá poesía!

Mientras haya unos ojos que reflejen
los ojos que los miran,
mientras responda el labio suspirando
al labio que suspira,
mientras sentirse puedan en un beso
dos almas confundidas,
mientras exista una mujer hermosa,

¡Habrá poesía!

Mi vida pasó a un éxtasis continuado en el tiempo, ¿Qué más podía pedir a la vida? El amor por Kitty se intensificó, iba madurando al mismo son que en nuestra existencia, íbamos creciendo en nosotras como personas.

La Diosa me conocía tanto, que no necesitábamos palabras para definir, todo lo que fluía como manantial de vida, interpretaba incluso mis silencios, no sé si yo conseguía interpretar los suyos con la misma exactitud que lo hacía ella.

Después de todos los jirones que nos da la vida, comprendí que mi vida estaría ligada a la de la Ninfa encarnada en mujer.

HAGAMOS UN TRATO
Mario Benedetti

Compañera
usted sabe
puede contar
conmigo
no hasta dos
o hasta diez
sino contar
conmigo

si alguna vez
advierte
que la miro a los ojos
y una veta de amor
reconoce en los míos
no alerte sus fusiles
ni piense qué delirio
a pesar de la veta
o tal vez porque existe
usted puede contar
conmigo
si otras veces
me encuentra
huraño sin motivo
no piense qué flojera
igual puede contar
conmigo
pero hagamos un trato
yo quisiera contar
con usted
es tan lindo
saber que usted existe
uno se siente vivo
y cuando digo esto
quiero decir contar
aunque sea hasta dos
aunque sea hasta cinco

no ya para que acuda
presurosa en mi auxilio
sino para saber
a ciencia cierta
que usted sabe que puede
contar conmigo.

Los ecos de nuestros gemidos haciéndonos la una de la otra, anidaban en todos los rincones de nuestros cuerpos, traspasaban la estancia para entrelazarse con la vía Láctea y convertidos en estelas cruzaban hasta el infinito.

Juntásemos nuestros tesoros en uno sólo, al trote del potro, que joven aún en el amor, el trote lo llevó a cabalgar por las montañas y llanuras, penetrando en los sentidos más profundos perdiéndose extasiado en la cordura convertida en locura del influjo de la Luna…

MI MUCHACHA SALVAJE
Pablo Neruda

Mi muchacha salvaje, hemos tenido
que recobrar el tiempo
y marchar hacia atrás, en la distancia
de nuestras vidas, beso a beso,
recogiendo de un sitio lo que dimos
sin alegría, descubriendo en otro
el camino secreto
que iba acercando tus pies a los míos,
y así bajo mi boca
vuelves a ver la planta insatisfecha
de tu vida alargando sus raíces
hacia mi corazón que te esperaba.
Y una a una las noches
entre nuestras ciudades separadas
se agregan a la noche que nos une.
La luz de cada día,
su llama o su reposo
nos entregan, sacándolos del tiempo,
y así se desentierra
en la sombra o la luz nuestro tesoro,
y así besan la vida nuestros besos:
todo el amor en nuestro amor se encierra:
toda la sed termina en nuestro abrazo.

Aquí estamos al fin frente a frente,
nos hemos encontrado,
no hemos perdido nada.
Nos hemos recorrido labio a labio,
hemos cambiado mil veces
entre nosotros la muerte y la vida,
todo lo que traíamos
como muertas medallas
lo echamos al fondo del mar,
todo lo que aprendimos
no nos sirvió de nada:
comenzamos de nuevo,
terminamos de nuevo
muerte y vida.
Y aquí sobrevivimos,
puros, con la pureza que nosotros creamos,
más anchos que la tierra que no pudo extraviarnos,
eternos como el fuego que arderá
cuanto dure la vida.

XVII ÉXTASIS

Cerré los ojos, un halo invisible se cubrió todo, en comunión con el universo en ti y tú en mí. Tus besos, tus caricias, tus más profundos sentimientos se instalaban en mi alma, e inundando como mar tranquilo y sereno todo mi ser, sediento de vida.

Me desprendí de la carne, entrelazándome en tu más dulce sueño, también desprendiste tu carne, y fuimos una sola, admirando la belleza de los astros, el día se hacía noche, la noche se hacía día.

Nuestras energías fluían acariciando al mismo tiempo la luna y el sol. Dulzura, ternura, pasión... vibraban y sucumbían a la grandeza del amor, que sólo de energía pueden alcanzar cuando dos forman una solo.

ÉXTASIS
Amado Nervo

Cada rosa gentil ayer nacida,
cada aurora que apunta entre sonrojos,
dejan mi alma en el éxtasis sumida...
¡Nunca se cansan de mirar mis ojos
el perpetuo milagro de la vida!
Años ha que contemplo las estrellas
en las diáfanas noches españolas
y las encuentro cada vez mas bellas.
Años ha que en el mar, conmigo a solas,
de las olas escucho las querellas,
y aun me pasma el prodigio de las olas!
Cada vez hallo la Naturaleza
más sobrenatural, más pura y santa,
Para mí, en rededor, todo es belleza;
y con la misma plenitud me encanta
la boca de la madre cuando reza
que la boca del niño cuando canta.
Quiero ser inmortal, con sed intensa,
porque es maravilloso el panorama
con que nos brinda la creación inmensa;
porque cada lucero me reclama,
diciéndome, al brillar: «Aquí se piensa,
también aquí se lucha, aquí se ama».

El tiempo dejó de ser tiempo y ser el universo de los universos, donde se conjugan todos los sentidos y se pierde y se desprende toda materia inerte.

Tórridas aguas en un solo manantial de vida que con la crecida acaecida, hicieron temblar a nuestro yo superior, llevándolo a los confines de los sentidos, donde sólo la vida y el universo se funden en los albores de la eternidad.

Flotaban nuestras energías en la cúspide de nuestra conciencia, dónde ni la lógica es capaz de llegar y menos entender. Pues fui tuya sin cuerpo, porque fuiste mía despojada de materia.

ÉXTASIS
ISMAEL ENRIQUE ARCINIEGAS

Leía y meditaba. Era la hora
En que el alma en la carne se agiganta.
El sol caía en la naciente sombra;
La tarde se apagaba.
Meditaba, y mi espíritu subía,
Subía como al cielo se alza el águila;
Me asomé al infinito, y vi tinieblas,
Y me perdí en la nada.
Sentí hervidero de astros en la sombra,
Y pregunté al vacío ¿dónde se halla
Esa luz creadora que los mundos

De entre el caos levanta?
Y subía, y subía... Lo impalpable
A mis ojos abríase sin vallas;
Y en la sombra, sondando lo infinito,
Mi espíritu flotaba.
De repente la luna alzó su disco.
Brotaron las estrellas a miríadas;
Y la noche me habló con su silencio,
¡Y Dios habló a mi alma!

La intensidad de nuestra energía ascendía y viajaba por el universo, toda la naturaleza unida, eran una sola, en explosión de dicha, donde los más íntimos deseos fluyen a la vida y en la vida. Donde las estrellas, nacen y mueren, donde la magnitud de la existencia encuentra y se funde en los sentidos hasta perder la conciencia.

No sé puede medir en tiempo, ni siquiera la lógica es capaz de explicar la culminación de todos los sentidos conocidos y aún sin conocer. Pues fui tuya y tu mía, el tiempo y la distancia de nuestra materia, dejó de existir, fundiéndose en el todo y en la nada.

Cuando volví del viaje de los sentidos, saciada de vida, inerte en mi cama no sé por cuanto tiempo, mi cuerpo se contraía por todos sus rincones, creyendo desmayarme a cada instante de tanto que fluía por todo mi ser.

No podía ni quería pensar, solo sentir, solo sentirte... llegando a la extenuación de la locura convertida en ternura y que vive en ti y en mí, pues la energía traspasa toda materia.

El sopor del dulce sueño se apoderó de mí, el cenit del mediodía me acunó entre sus brazos como tú...

XVIII MÚSICA

Cuando lo invisible,
se hace visible
y ante nuestros ojos,
la vida nos muestra,
nos acerca.
Comprensible
Sólo,
a los sentidos agudizados,
a las mentes despiertas,
de sí,
despojadas,
a la vez cubiertas,
con manto de flores,
eterna belleza.

La Diosa sostenía mi cabeza sobre su hombro, leía en voz alta, de fondo los acordes y el delirio del piano, dedos ágiles y firmes, hacían las delicias de todos los sentidos.

En ese preciso instante en el que mis sentidos me transportaban al infinito mundo de la energía de mi pensamiento, donde jamás nadie había conseguido entrar, ni siquiera la Ninfa encarnada en mujer. Ella, trataba de entender mis estados, de comprenderlos, incluso sabía que era mi descanso, mi tranquilidad, pero infinitos diques de contención le impedían introducirse en mí.

En mi mundo podía ser yo misma, sin interrupciones terrenales, donde la realidad y los sueños conviven en armonía, ese mundo que todo ser vivo debería tener, propio, inescrutables e insondables los laberintos de nuestra mente.

Platón, en su obra "La República", libro III, nos habla de la educación de los custodios del estado, los guerreros. Nos dice que estos deberán formarse con tres disciplinas: Música, para formar el alma, la Gimnasia para el cuerpo y Filosofía para el carácter "dulce con sus amigos y conocidos".

Para Platón, la música es alimento de la virtud por eso, "Toda conversación sobre la música debe llevar a lo hermoso". He ahí porque estas tres disciplinas, gimnasia, música y filosofía eran importantes para la conformación de la República de Platón, aún más, previendo futuros conflictos en el gobierno advierte: "Que la educación se mantenga pura, para que nada sea innovado en la gimnástica ni en la música...

No se puede tocar a las reglas de la música, sin alterar las leyes fundamentales de la gobernación".Pp497.

(Textos, de JOSUÉ PEÑALOZA)

La música, ya lo dijo Platón es el alimento del alma, de la energía que pervive a través de los tiempos, la energía no materializada. En la no materia, los sentidos se agudizan y sólo los virtuosos son capaces de transformar todos esos sentidos para que pueda llegar al resto de los mortales, en música, pinturas, libros… Llenando los vacíos de nuestra conciencia y dejando las huellas en nuestra memoria.

No todas las personas pueden percibir con la misma intensidad, requiere de varios factores para que sea así. Una de las pautas que propongo a los que leen estas líneas y se pueden sentir aludidos al decir que no todo ser humano puede sentir con la misma intensidad, es que vayan acostumbrando su oído a los acordes de la música clásica, en soledad, cerrando los ojos y dejándose llevar por las emociones.

La música sana el alma y devuelve la belleza perdida, muchas veces en los avatares de nuestra vida.

¿Somos lo que pensamos o pensamos lo que somos?

La música hace perder el miedo a enfrentarnos con nuestro yo interior, conviviendo en armonía, la realidad y nuestro mundo.

El ser humano, tiende a desprestigiar, infravalorar todo aquello que no entiende y no es comprensible a sus sentidos, la ignorancia es el peor enemigo del hombre y castiga violentamente a los que no son como él.

No hay que tener miedo a enfrentarse a nuestros fantasmas ni debemos culpar a nadie de las acciones de nuestros actos y nuestras palabras, culpabilizar a otros nos muestra como personas inmaduras, irresponsables y nada consecuentes con la realidad que la mayoría de las veces, por no decir todas, nos construimos nosotros mismos.

El ser humano tiende a dejar que otros manejen, manipulen su vida, para luego tener a quien dirigir toda la furia de la ira.

Si algo va bien, se vanagloria de lo conseguido, si algo va mal, siempre existirá un ser más débil a quien culpar.

De ahí que la música ha de formar de la educación, cuanto más temprana mejor, el vientre de la madre y extenderse en el curso del tiempo, en el hábitat, el hogar, el colegio, el trabajo…

La música puede educar y transformar a todo ser vivo.

Kitty me atrajo sobre su pecho, abrazándome con ternura, sabía que me hallaba sumida y elevada en mis manantiales de vida.

Siguió leyendo en voz alta, sabiendo que yo no oía y andaba perdida por los senderos de la música y la poesía, en trance hallado y sellado a cal y canto, que esculpían y esculpen día a día, del universo…, las maravillas.

MÚSICA DE SILENCIO
Alfredo Buxán

Solamente es posible envejecer
lo mismo que la música, acorde
tras acorde hasta la nada, el éxtasis,
la cumbre. Queda la música
prendida en la conciencia
como lapa tenaz, como alfiler
de sombra, y nuestra cima
es el silencio, el inmóvil paisaje
de la muerte. La vida, en cambio,
espuma diluida
en la breve tarea de latir.

XIX ATENEA

Recogí a Kitty, nos dirigimos hacía los jardines de Cecilio Rodríguez, dentro del Parque del buen retiro. Pensamos que al estar nublado, no habría mucha gente y estaríamos con más intimidad.

Ese jardín me lo conocía perfectamente, ya que desde años atrás lo frecuentaba asiduamente. Me encantaba mirar las sietes gaviotas en la fuente, sobre los nenúfares, mi imaginación siempre las hacia volar hasta los confines.

El cielo se tornaba más oscuro y las densas nubes, amenazaban con descargar en nuestras cabezas, así que decidimos retomar el paseo con paso ligero en dirección a la Plaza de la Independencia, más conocida por su gran puerta, La Puerta de Alcalá, majestuosa e imponente, nos recibió. Seguimos caminando, hasta llegar a la Diosa

Cibeles, cuantas veces, sus leones al acecho y tirando de su carroza, desfilaron en mi mente.

Kitty, aunque no siempre entendía mis estados de ausencia en su totalidad, respetaba que me perdiese en mi mundo.

Dimos unos pasos más, subiendo por la calle Alcalá y llegamos a las puertas del Círculo de Bellas Artes, decidimos entrar para tomar un café. Existen muchos sitios en Madrid donde saborear, sentir el arte y dejarte fluir, y éste es uno de ellos, muy especial para mí.

Atenea siempre vigilante a los pies y en el centro de la escalera imperial, la Diosa, la Guerrera, la Divinidad... Diosa de la Sabiduría, de las Artes, la Justicia y la Habilidad.

Siempre me detenía para observar con total solemnidad a Minerva, a la que tanto admiraron y rechazaron por su fuerza, su valentía... Incluso me atrevo a decir, donde nos deberíamos mirar todas las mujeres, como si de un espejo se tratase.

¿Cuántas mujeres han quedado relegadas en la historia por el mero hecho de ser mujer?

Ya desde entonces me preguntaba si esta sociedad en la que vivimos, evoluciona o involuciona.

"Yo solía pensar que era la persona más extraña en el mundo, pero luego pensé, hay mucha gente así en el mundo, tiene que haber alguien como yo, que se sienta bizarra y dañada de la misma forma en que yo me siento. Me la imagino, e imagino que ella también debe estar por ahí pensando en mí. Bueno, yo espero que si tú estás por ahí y lees esto sepas que, sí, es verdad, yo estoy aquí, soy tan extraña como tú". Frida Kahlo

Seguía absorta en mis pensamientos, cuando Kitty me cogió del brazo y prácticamente me arrastró hasta la cafetería.

Sonrío -no sé qué voy a hacer contigo, me susurró al oído.

Intuyó que en la risa picarona que le dediqué, la imaginé como Atenea.

El traje de guerrera te sienta mejor a ti – replicó a mi sonrisa.

¿Te imaginas si todas las mujeres fuesen Atenea? – Pregunté

Kitty me miró, se echó a reír.

No me imagino un ejército de guerreras – respondió sin darle más importancia.

Reconozco que en ese momento le hubiese dado una conferencia sobre la mujer, pero nos interrumpieron, unos colegas de Kitty, también entraron en ese momento y nos invitaron a tomar asiento con ellos.

Al principio la conversación era amena, después cuando comenzaron a intercambiar opiniones sobre su trabajo, mi cabeza se lanzó a explorar el mundo de Atenea.

"NADA EN LA VIDA DEBE SER TEMIDO, SOLAMENTE COMPRENDIDO. AHORA ES HORA DE COMPRENDER MÁS, PARA TEMER MENOS". Marie Curie

La mujer ha sobrevivido a lo largo de los siglos al yugo impuesto por los hombres, incluso también de otras mujeres. El temor a lo desconocido, hace que el temor florezca, y éste, insano, hace que la mayor parte de los pensamientos de la mujer, se reflejen en el día a día. Lo peor no es que la mujer siga bajo ese yugo, casi incorrupto para algunos, si no que nosotras mismas eduquemos a nuestros hijos bajo ese mismo yugo.

La educación comienza en el hogar, y si hasta hace muy poco, la mujer era la que llevaba el 100% la carga de esa educación sobre sus espaldas, ya es hora que nos quitemos la venda que cubre nuestros ojos y eduquemos a nuestros hijos sin diferencias sexistas ni sexuales.

Han de ser personas libre pensantes, respetando a los que son diferentes por cualquier motivo.

La vida nos enseña a diario, muchas mujeres son Atenea con todas sus consecuencias, otras simplemente bajan los ojos a la realidad pensando que los hombres las prefieren sumisas. Cuan equivocadas están, un hombre educado en la realidad, quiere una compañera para hacer el camino y juntos labrar y sembrar en el presente para recoger los frutos en el futuro.

*"YO SOY AQUELLA MUJER QUE ESCARBÓ
LA MONTAÑA DE LA VIDA REMOVIENDO
PIEDRAS Y PLANTANDO FLORES "*

*(Cora Lina, seudónimo de Ana Luis Dos
Guimaráes Peixoto Bretas, poetisa y cuentista
Brasileña, 1889-1985)*

La mujer que decide ser Atenea, es criticada, apaleada si es necesario, envidiada ocultamente. Sin embargo la mujer Atenea, es libre, libre es su pensamiento, en su mundo, en la sociedad que le hace más fuerte.

Es la guerrera imbatible a los jirones de la vida, la que levanta la voz ante las injusticias, la que lucha cuerpo a cuerpo por una sociedad más justa. La que educa a sus hijos en la libertad y el amor.

La guerrera que aunque caiga al suelo vuelve a levantarse con más fuerza, aquella que las heridas, le hacen más fuerte.

La que camina sola y si lo hace con hombre o mujer, siempre a la par, recorriendo el camino.

Abre tus ojos a la sabiduría, en la belleza que te ofrece la vida podrás comprender y aceptar ser una Atenea.

"NUNCA SE DEBE GATEAR CUANDO SE TIENE EL IMPULSO DE VOLAR"

(Hellen Keller, escritora y educadora sorda y ciega, Estadounidense 1880-1968)

XX AGUA... EL MAR

Era verano, el calor en Madrid se hacía insoportable, llevábamos más de una semana con una media de cuarenta grados. Pronto, en dos lunas más, saldríamos con los niños en dirección a la playa. Decidimos dividir nuestras vacaciones entre playa y campo.

A "Vidilla" se le estaba haciendo largo el verano, y me suplicaba que cogiese las vacaciones y yo misma, agotada de mis largas jornadas laborales, deseaba compartir con mi hijo todo mi tiempo y disfrutar de su presencia continua, aunque como ya sabéis a partir de la adolescencia ellos demandan mucha más independencia.

Kitty y yo, planeamos las vacaciones conjuntamente, sería bueno que los niños, ella tenía dos hijos, tuviesen sus primeros contactos, y de esa forma ir normalizando nuestra relación.

Llegó el día, los niños revoltosos y sin apenas dormir como teníamos que viajar, no nos daban tregua, antes que saliese el sol, ya estaban danzando por la casa, con la algarabía típica de la edad.

Los tres hablando al mismo tiempo, las maletas repartidas por todo el salón Traté de imponer orden, duró un minuto, el tiempo que tardé en meterme al baño para darme una ducha.

Me metí bajo el agua, tratando de conservar la calma, si algo no soportaba y no soporto es el descontrol y en ese momento, todo lo estaba.

El agua tibia me relajó lo suficiente para conservar mis nervios intactos.

El viaje aunque largo, no se hizo pesado, los niños reían, cantaban, en algún momento pensé que se dormirían, pensamiento erróneo por mi parte, revoloteaban cual polluelo en el nido.

Kitty en ese aspecto tenía algo más de mano dura que yo, conseguía que estuviesen calmados y negociaba con ellos, era implacable, a veces me preguntaba como lo hacía, supongo que era deformación profesional y por momentos también lo aplicaba a la vida familiar y reconozco que no siempre me gustaba. Los niños no son la profesión que elegimos.

¡Por fin llegamos!

Decidimos alquilar una pequeña casa en los Caños de Meca en Cádiz. Un paraje de ensueño con casitas multicolor, íntimas, acogedoras y con instalaciones suficientes para que todos disfrutásemos de unas buenas vacaciones. Entre las instalaciones, contaba con piscina, pistas de tenis, baloncesto... Podíamos hacer rutas con caballos, de bicicleta y sobre todo playa para los niños.

Descargamos todo, lo más deprisa posible, los niños impacientes querían ir para la playa, no mostraban cansancio por el largo viaje, que se alargó más por las paradas que íbamos haciendo, llevando niños, cuando uno quiere ir al baño a cincuenta kilómetros tienes que volver a parar porque también quiere ir el otro, y así sucesivamente.

Los niños, corrieron veloces hasta adentrarse en el mar, Kitty y yo nos miramos, sonreímos observando como nuestros hijos entre chapoteos, reían, gritaban, pronto se unieron a más niños que estaban por allí.

Kitty ya había elegido el sitio donde quedarnos, alquilamos unas tumbonas. Muy cerca también alquilaban patinetes y la Diosa, al ver que yo me quedaba observando, me dijo:

- Eres peor que los niños, por favor, ayúdame a ponerme la crema en la espalda y ve a por tu patinete.

Esbocé una sonrisa, que Kitty me devolvió, acariciándome con su mirada. Le puse la crema y marché a por mi patinete.

EL VIENTO EN LA ISLA
P. Neruda

EL viento es un caballo:
óyelo cómo corre
por el mar, por el cielo.

Quiere llevarme: escucha
cómo recorre el mundo
para llevarme lejos.

Escóndeme en tus brazos
por esta noche sola,
mientras la lluvia rompe
contra el mar y la tierra
su boca innumerable.

Escucha cómo el viento
me llama galopando
para llevarme lejos.

Con tu frente en mi frente,
con tu boca en mi boca,
atados nuestros cuerpos
al amor que nos quema,
deja que el viento pase
sin que pueda llevarme.

Deja que el viento corra
coronado de espuma,
que me llame y me busque
galopando en la sombra,
mientras yo, sumergido
bajo tus grandes ojos,
por esta noche sola
descansaré, amor mío.

Me alejé mar adentro pedaleando, apenas se escuchaba la algarabía de niños y adultos. Sentí la brisa sobre mi rostro con ese olor peculiar que relaja y estimula. Cuando estuve fueran de miradas indiscretas, me despojé de mi traje de baño y me zambullí en las aguas.

Sentir el agua en la piel, aparte de estimular todos los sentidos, te renueva, es como volver a estar en el saco amniótico en el vientre de la madre, el origen donde la vida se regenera.

Como dijo Tales de Mileto,
"El agua es el principio de la vida."

Miré allí donde el mar y el cielo eran uno sólo.

EL MAR (Párrafo)
P. Neruda

NECESITO del mar porque me enseña:
no sé si aprendo música o conciencia:
no sé si es ola sola o ser profundo
o sólo ronca voz o deslumbrante
suposición de peces y navíos.
El hecho es que hasta cuando estoy dormido
de algún modo magnético circulo
en la universidad del oleaje.
No son sólo las conchas trituradas
como si algún planeta tembloroso
participara paulatina muerte,
no, del fragmento reconstruyo el día,
de una racha de sal la estalactita
y de una cucharada el dios inmenso.

XXI CRECIMIENTO

"LA VIDA ES UNA SUCESIÓN DE LECCIONES QUE DEBEN SER VIVIDAS PARA SER ENTENDIDAS"

Ralph Waldo Emerson.

Mi relación con la Ninfa convertida en mujer, se fue afianzando en el tiempo, compartiendo parte de éste, siempre que nuestros compromisos laborales nos dejaban libres.

Cimentábamos día a día el amor que había nacido entre nosotras. Cualquier tipo de relación es como una casa, necesita de buenos cimientos para no venirse abajo por el peso de la misma. Cierto es, que el mayor huracán puede derribar ciudades enteras, engulléndolas y arrasando todo a su paso.

Cada momento juntas, crecíamos al unísono respetando ambas la individualidad y singularidad de cada una que es otra de las fases de nuestro crecimiento.

CRECER
Proust

Sorprendido por la belleza de esta mañana de invierno,
fría, soleada, parece ser una más en mis días,
me siento afortunado al vivirla, sensible, tierno,
un día que debo hacer especial y ese es mi don, mi destino.

Hacerlo mejor no por lo que pase, sí por cómo me pase,
luchar en mi territorio, mi margen para actuar, mi espacio vital,
no perderme en vagas imposturas en falsos simulacros,
silenciar palabras y expresar con miradas, con tactos.

Ser justo en mis atenciones, en mis detalles ajenos,
no alienarme, no perderme, apreciar lo llano, lo sincero,
y tener claro que esos son mis propósitos diarios,
de ellos no sé si lograré uno o varios.

¡Ojalá pueda volverlos a enunciar mañana!
disfrutar una nueva oportunidad para aprender,
aprender a ser, a dejar ser, a querer, a merecer,
a no abandonar nunca el camino que me lleva a
crecer.

Todo en esta vida nos hace crecer, personas, vivencias, naturaleza, libros, siempre debemos dejarnos fluir no sólo para captar el conocimiento, también para crecer como seres húmanos.

Todo ser vivo necesita ser regado por el agua. Las personas también, debemos regarnos con todo tipo de experiencias que la vida nos va poniendo en el camino. Somos como un libro en el que vamos escribiendo los capítulos de nuestro propio destino.

"APRENDEMOS, O POR INDUCCIÓN O POR DEMOSTRACIÓN. LA DEMOSTRACIÓN PARTE DE LO UNIVERSAL; LA INDUCCIÓN DE LO PARTICULAR." Aristóteles

El crecimiento va unido a nuestra vida, y somos responsables de nuestros pensamientos y actos, de nuestra energía o alma. El cuerpo es sólo la carcasa que tenemos en este mundo y que por desgracia la mayoría es lo que ve. Somos libres, aunque la sociedad esté impuesta por leyes que no a todos nos convencen, la libertad de fluir libremente no está atada a ningún prefecto, ni social, religioso, político, sexual…

ES TAN VANA LA ESPERANZA DE QUE SE LLEGARÁ SIN TRABAJO Y SIN MOLESTIA A LA POSESIÓN DEL SABER Y LA EXPERIENCIA, CUYA UNIÓN PRODUCE LA SABIDURÍA, COMO CONTAR CON UNA COSECHA SIN HABER SEMBRADO NINGÚN GRANO.

Benjamín Franklin

Cuando nacemos se nos van poniendo unas herramientas para irnos formándonos, el crecimiento no entiende de clases sociales ni familiares. Por desgracia, el consumismo actual nos está llevando al caos de nuestra propia existencia. Las lecciones más vitales, en las que suspendemos una y otra vez, la vida nos las repite, hasta que conseguimos subir el escalón.

La felicidad en si misma no es sinónimo de posesiones ni posiciones, la felicidad radica en nuestro yo más profundo. Han sido muchas personas, las que han luchado hasta la extenuación por conseguir posesiones y posiciones, y cuando lo han conseguido su vida ha sufrido un vuelco y han perdido todo. No juzgo lo desconocido, pero si me atrevería a decir que es una lección más que nos da la vida, para que nos demos cuenta que lo más valioso que hay en nosotros, nuestro tesoro oculto, ya lo tenemos dentro.

Descubriéndonos a nosotros mismos, nos damos cuenta que todo lo material es insignificante. Aunque haya quien piense que las penas con pan son mejores.

"CUIDA TUS PENSAMIENTOS, PORQUE SE CONVERTIRÁN EN TUS PALABRAS. CUIDA TUS PALABRAS, PORQUE SE CONVERTIRÁN EN TUS ACTOS. CUIDA TUS ACTOS, PORQUE CONVERTIRÁN EN TUS HÁBITOS. CUIDA TUS HÁBITOS, PORQUE SE CONVERTIRÁN EN TU DESTINO."

Mahatma Gandhi

El crecimiento interior va ligado a toda nuestra existencia, podemos gritar y culpar a la sociedad de nuestras miserias, eso sólo nos detendrá y nos hará más largo el camino y con ello el sufrimiento, que se puede instalar en nosotros o bien, soltar amarras, aceptar que nos equivocamos y seguir nuestro sendero.

"¿Por qué lamentarse de que se marchiten las hojas? Es mejor dejar que se marchiten y se vayan volando, no hay de qué lamentarse. Es preferible que barras esas hojas con tu fuerte viento, Zaratustra, es mejor que soples sobre esas hojas, para que todo lo que está marchito se vaya muy lejos de ti".

Fragmento de Así habló Zaratustra (Friedrich Nietzsche)

Cada instante ordinario del recorrido hay que hacerlo como extraordinario, poniendo todos nuestros sentidos. Recordando que no somos perfectos, y en la imperfección realmente hallaremos el camino a seguir.

"Si supiera que el mundo se acaba mañana, yo, hoy todavía, plantaría un árbol"

Martin Luther King

XXII ALAS

La vida nos va ofreciendo senderos, caminos, en ocasiones dudamos, si tomaremos la decisión adecuada, entonces debemos equilibrar la razón y el corazón, de esa forma, conseguimos poner el orden necesario para seguir caminando.

Kitty, era muy paciente conmigo, a veces pensé que me conocía, incluso mejor que yo misma. Sabía de mis estados, mis silencios, mis emociones, los sentimientos que me movían siempre intentando llevar todo a la perfección.

Sentía como en ocasiones, podía penetrar dentro de mí y dejarme completamente desnuda. Indefensa ante su mirada penetrante, que evocaba en mí las más dulces sinfonías, el roce íntimo de la poesía, encendiendo en mí, las llamas de la pasión, unas veces serena, otras, desbocada.

Me miras,
Clavas tus ojos en mis entrañas,
Encendiendo las brasas.
Me miras,
Recorriendo mis senderos internos
Conjugando realidad y sueños.
Me miras,
Paseando tus labios en infinitos
Tiernos, salvajes..., besos.

Pasamos toda una vida construyendo los cimientos de nuestra propia existencia, nuestra esencia genuina, lo que perdurará en nosotros a lo largo del tiempo, que no se mueve ni tambalea por muchas tempestades que aparezcan.

La esencia, nuestra esencia, es como el perfume de la naturaleza que se impregna en nuestro olfato y se queda perenne, es como el abrazo que nos damos a nosotros mismos, apropiándonos de todos los sentimientos que se van sucediendo. Es la corriente del manantial, es el viento que susurra en nuestros oídos y que nos devuelve el eco, es el silencio que acalla las voces. Es la lluvia que purifica los sentidos, el sol que calienta nuestro hogar interior, la tierra donde nuestras raíces, crecen, enraizando el sentido del todo y del nada.

Esa esencia vive dentro de nosotros, creciendo, multiplicándose, expandiéndose como una enredadera en nuestro yo interno.

Kitty formaba parte ya de esa enredadera.

Carlota – susurró en mi oído la Ninfa.

Beethoven y sus notas penetrantes, me tenían absorbida y perdida en mis pensamientos.

Sus labios se posaron sobre mi cuello, noté que el vello se me erizaba y mi cuerpo despertó a las caricias que me regalaba con sus besos, encendiendo todos y cada y uno de mis más ocultos deseos.

*Desatada la furia
de pasiones encendidas,
en mis labios la sed,
nunca saciada,
en mis manos las alas,
el vuelo de las damas.*

De tu boca...
Esa boca que evoca y provoca,
sutil y hábil
revolotea como mariposa.

Exhaustas, perdí mi mirada en el techo, Kitty me atrajo amorosa a sus brazos, y me abrazó. Ese abrazo donde descansa la guerrera y que siempre me daba miedo perderme en él. Ese miedo a dejarme llevar por mis emociones y sentimientos.

No sé cuánto tiempo estuvimos así, pudieron ser segundos, minutos, el fuego de nuestros cuerpos volvió a quemarnos, a adentrarse en nuestras profundidades más secretas e íntimas. Abrasándonos en la intensidad del amor.

Nos amamos hasta desfallecer y quedar profundamente dormidas, el tiempo de los sueños, hizo su aparición.

Tierra de olivos, cabalgando en mi caballo, divisaba toda la maravillosa vida que nos ofrece la naturaleza. Sujeté fuerte las riendas, mi mano acarició la cabellera de mi equino, desapareciendo al galope por los senderos y laderas.

Es libertad sentir el viento en el rostro, al trote imperial de mi amigo, sin montura que nos separase, fusionados en uno. No necesitaba hablar con él, podía llevarme donde le comunicase mi pensamiento, alejándonos de toda evidencia humana.

Todos mis sentidos, comulgaban, en tiempo y espacio, que hasta lo más lejano era cercano.

Llegamos hasta mi rincón preferido, alejado de miradas, desmonté y me senté.

Divisé la belleza, campos de olivos, alzándose majestuosos ante la mirada profunda del sol. Olivos que memoraban todas las historias que habían visto ante sus ojos pasar y que solo al viento contaban sin hablar.

En una extraña mezcla de vida y muerte, ejerciendo su poder imperial, cual reyes de las vidas que han visto pasar. Me pusieron un trono de tierra, piedras y conquistas para que pudiese observar tanta grandeza que nos ofrece la naturaleza que vive y siente con nosotros.

Me perdí en los placeres del reinado, más me observaban, curiosos, los reyes de ésta tierra andaluza que me vio nacer, y que clavada no sólo en mis genes, también en mi esencia, me acompaña, aunque esté lejos de ella.

Esa tierra que clama cuando estoy lejos, que evocan en mis sueños y en mis recuerdos.

Que engrandece el alma, cuando el mundo te hace sentir pequeño. Porque majestuosos olivos se alzan, energía que emana de la tierra, el sol y el agua.

"...Tu risa me hace libre, me pone alas. Soledades me quita, cárcel me arranca..." Miguel Hernández

Entonces mis alas se desplegaron, volé cercana al sol para divisar el reinado de mi Andalucía, de sangre, sudor y lágrimas, y aún así, renace una y otra vez la alegría.

XXIII EL RINCÓN

Un nuevo amanecer se alzaba vigoroso, los primeros rayos abrían, tímidos, espectaculares, cubriendo el rocío de la mañana. Mis ojos contemplaban la maravillosa y prodigiosa vida que renacía cada día en las flores silvestres, abriéndose glamurosas para recibir la bendición del Sol.

Caminaba, caminaba hacia el paraíso, ese paraíso que había fortalecido durante muchos años, mi yo más profundo. Que había exaltado mis virtudes y suavizaba mis defectos, que me daba la vida cuando mi alma flaqueaba. Que me daba el silencio, cuando las palabras en mis oídos se multiplicaban y el eco de las mismas me agobiaba.

La grandeza de la vida que invade todos nuestros sentidos y que nos hace renacer, que enciende la llama de las convicciones y nos regala la energía para seguir luchando, creciendo, y así, poder caminar con la cabeza erguida superando cada reto de nuestra existencia. Librando sus batallas.

Mi realidad nunca conformista, sí serena aún en la impaciencia, mi iban mostrando imágenes de toda mi vida. La mente es muy sabia y va anulando todas escenas que en algún momento nos fueron espinosas, dejando velada parte de la película, quedando sólo los momentos felices, cálidos y entrañables.

A veces deformamos esa realidad, o cegamos nuestros sentidos porque no queremos aceptar, los sucesos que van apareciendo en nuestra vida. Cuando ésta nos arranca de cuajo algo o a alguien a quien creemos firmemente imprescindible en nuestro recorrido.

En ocasiones, son curiosos y extraños los giros que nuestra vida nos va dando, somos dueños de nosotros mismos, no de los demás.

Cuando mi mente vagaba por las profundidades de la existencia, estudiando y analizando cada instinto del ser humano, surgían más preguntas.

"Pienso, luego existo"

René Descartes

Aquella mañana cuando llegué a casa de mi largo paseo, Kitty ya había llegado, pasaríamos el fin de semana, juntas, y solas, nuestros hijos tenían otros planes con sus respectivos amigos.

Kitty se acercó a mí, sonriendo, después del descanso no mostraba los signos de cansancio del trabajo de la semana, realmente nunca había huellas en su rostro. Posó sus labios en los mismos.

¿Estás bien? -preguntó la Diosa.

No obtuvo respuesta por mi parte, mi mente seguía vagando.

¿Estás bien? –volvió a preguntar Kitty aún más firme.

Sí, sí, tranquila que estoy bien. –respondí sin dar más explicaciones, cuando estaba en ese estado, prefería la soledad de mis silencios.

Kitty marchó a la cocina y preparó el desayuno, volvió y se sentó a mi lado.

A veces me asusta no poder saber lo que piensas –dijo Kitty rompiendo el silencio, mi silencio.

Clavé mis ojos en sus ojos. Quería explicarle todo lo que pasaba por dentro de mí, rara vez había conseguido hablar de todo lo que me llevaba a la ebullición de mi yo interno.

Todo está bien. –Respondí

Acarició mi cabello, colocó el mechón que caía sobre la frente.

Comenzamos a desayunar y yo seguía absortar en el universo, tratando de llegar al inicio de los principios de la vida y de la existencia humana. No podía compartir cada pregunta y respuesta que hallaba, temiendo que en algún momento tomasen por locura, todo aquello que descubrimos y que no está al alcance de todos.

"Cada hombre es una criatura del tiempo en que vive y pocos son capaces de elevarse sobre esas ideas."

Voltaire.

Ese día pasé horas en mi letargo, fluía mi ser hacía dentro. Kitty me dejó estar, tomó uno de sus libros y se perdió en la lectura. Sabía que ese día no haríamos nada especial hasta que yo saliese de mis más profundos pensamientos.

Las horas se sucedieron, y ya entrada la tarde, la Diosa vino a mi rincón, me acarició con las yemas de sus dedos, y me propuso ver una película, juntas. Me sedujo la idea, sabía que mi cabeza se apoyaría en su regazo y me cubriría de caricias y tiernos abrazos.

Quería que me abrazase fuerte, y mis labios me impidieron decírselo, no mostraba mis debilidades, creía que en un abrazo podía perderme para siempre, y no me dejaba perder. Mis miedos eran más fuertes que el deseo de fusionarme con ella. Los abrazos que se perdían en la lejanía y esos ya no volvían.

Esa fusión no nos debe dar miedo, el miedo sólo nos esclaviza y corrompe los sentidos y los sentimientos.

Kitty me atrajo hacía su pecho, la película estaba comenzando, me dejé abrazar, más no devolví el abrazo, temiendo que toda mi existencia, desaparecería.

Me acunó durante un buen rato.

Hicimos un descanso para servirnos una copa. Le di un primer sorbo, y me di cuenta que Kitty, miraba con deseo mis labios. Puso su mano en mi nuca, me atrajo hacia sus labios y nos perdimos en ese beso…

"La experiencia más bella que puedo tener es el misterio. Es la emoción fundamental que se encuentra en la cuna del verdadero arte y la verdadera ciencia. Quien no lo conozca y no se pregunte por ello, no se maraville, está como muerto, y sus ojos están oscurecidos. Fue la experiencia de misterio —aunque mezclada con

temor— la que engendró la religión. Un conocimiento de la existencia de algo que no podemos penetrar, nuestras percepciones de la razón más profunda y de la belleza más radiante, que sólo son accesibles a nuestras mentes en sus formas más primitivas: es este conocimiento y esta emoción lo que constituyen la verdadera religiosidad. En este sentido y sólo en este sentido soy un hombre profundamente religioso... Estoy satisfecho con el misterio de la vida eterna y con un conocimiento, un sentimiento, de la maravillosa estructura de la existencia —así como del humilde intento de entender incluso una pequeña porción de la Razón que se manifiesta en la naturaleza". Albert Einstein

XXIV TIEMPO

"Se sucedían los días, los meses, los años, todo parecía estar en su lugar, mi vuelo se detuvo en seco, herida en el pecho, caí, herida de muerte, agria en su agonía, y la siembra de los campos apareció arrasada por el huracán de sus deseos."

"Truncó parte de mi vida, más la suya aniquilada, fue su deseo de conquista que dejó mis ojos sin vista por las lágrimas."

Los años pasaron, intensos y a la vez fugaces en nuestras vidas, realmente no pasa el tiempo, sólo pasamos nosotros, los seres vivos, ese tiempo que utilizamos como medida, realmente es el nuestro. Que imparable va dejando huella, unas que se lleva el viento como si de polvo se tratase, otras, como el hierro candente, marcando a fuego en nuestro corazón.

El tiempo no existe como tal. Siendo nosotros los que nacemos, crecemos y morimos, somos los que pasamos dejando la huella en el camino de nuestra vida.

"No tenía miedo a las dificultades: lo que la asustaba era la obligación de tener que escoger un camino. Escoger un camino significaba abandonar otros"

Paulo Coelho

La angustia devoraba mi corazón, la decadencia golpeó sin previo aviso, las insondables estancias de mi yo más profundo. Las brasas de nuestro amor se congelaron y el hielo saltó en infinidad de pedacitos, cristales que hirieron una a una cada huella de mi maltrecho corazón.

Mi mente era un carrusel de imágenes vividas junto a ella, imágenes que se agolpaban en la razón, destruyendo en forma de tornado todo lo que a su paso se encontraba.

Todo en mi ser se desbordaba en la gran crecida de las aguas que inundaban todo a su paso, me resistía a creer, que nuestro amor fue una gran mentira, disfrazada del amor verdadero, del que vence las tormentas, se levanta en las caídas y sigue caminando, hasta más allá de la vida.

El dolor invadía con crueldad todos aquellos momentos maravillosos que pasé junto a ella, tratando de arrancar de cuajo todos los sentimientos. Más no lo logré en un solo día.

"El mayor dolor del mundo no es el que mata de un golpe, sino aquel que, gota a gota, honrada el alma y la rompe."

Francisco Villaespesa

Me preguntaba una y otra vez las razones, tratando de descubrir que le había llevado a tan infame engaño. Fui libre para acogerla en mi vida, en el amor que sentía por ella, más ella no era libre para acogerme y trazó de mentiras todos los momentos vividos juntas.

Me sentí viuda, de todos aquellos años que duró su mentira, el dolor se manifestaba en todos y cada uno de los poros de mi piel, y mi corazón enlutado lloró su muerte en vida.

Fui matando cada esencia, cada emoción, y todo sentimiento.

Me revelaba con mi propio corazón. No podía comprender que le había llevado a falsificar mi vida de esa forma. Su libertad acababa donde comenzaba la mía, sin embargo se tomó la licencia de abordar mis sentimientos, de crecer e ir corrompiendo cada gotita de amor.

Supe lo que era crecer también en el dolor, en el dolor que se instala dentro del corazón y la razón que no atiende a razones, porque no las hay.

Con el paso de los días, los meses, mis ojos se fueron quedando resecos por las lágrimas que se desbordaban en mi soledad. Siempre me había gustado la soledad, y sin embargo, ésta soledad me hacía sentir lo peor de mi misma.

Traté de volcarme todas las culpas, buscando infinidad de excusas que me permitiesen ir superando el dolor, hasta que un día comprendí que mi única culpa fue creer en el amor que ella decía sentir por mí. Creer en sus mentiras, cada vez que hablábamos de convivir juntas, siempre hallando la mejor forma para convencerme y los hijos fueron su mejor opción.

Fui comprendiendo que todo había escapado a mi control. Me conocía tan bien que sobrepasó los límites de la confianza ciega que tenía en ella. Convirtiéndolo en su mejor arma para eludir sus propias mentiras, creyéndoselas ella misma.

Conocedora de mis defectos y virtudes, podía manejar a su antojo. Pero no fue mi mentira, fue la suya. Viví el amor, sentí en él, mostrando y dando todo lo que fui capaz de entregar.

Siempre fui libre a la hora de amar, y toda experiencia nos enseña aún se manifieste el dolor.

Cierto es, que en ocasiones me embargasen momentos de dudas, que ella me adornaba con mis propias inseguridades.

"El arte más poderoso de la vida, es hacer del dolor un talismán que cura."
¡Una mariposa renace florecida en fiesta de colores! Frida Kahlo

Fui soltando poco a poco el dolor, el paso del tiempo, fue madurando y encajando todas las piezas del puzzle de la vida. Dejando atrás el rastro de todo tipo de sentimientos.

Todo, conlleva un aprendizaje y en esta etapa tan importante de mi vida aprendí, que uno mismo es el responsable de lo que hace y que las consecuencias tarde o temprano llegan.

"Todas las batallas en la vida sirven para enseñarnos algo, inclusive aquellas que perdemos."

Paulo Coelho

XXV LIBERTAD

"La libertad es el gran espejo mágico donde toda la creación pura y cristalina se refleja; en ella se abisman los espíritus tiernos y las formas de la naturaleza entera."

Novalis

Fui libre para dejarla marchar, como lo fui para entregarle el amor y entregarme a mi misma la felicidad de aquellos momentos compartidos.

Fue duro tener que tomar, una de las decisiones más importantes de mi vida, pero si algo he detestado siempre han sido las mentiras. El entonces gran amor que sentí por ella, era tan cierto como la existencia de todo lo que poseo dentro de mí.

Tardó en alejarse hasta difuminarse en las tinieblas.

Más la libertad de mi corazón aprendió que el amor duele, y que el dolor nos refuerza interiormente. Acepté el dolor, y lo expulsé al infinito. Para que volviesen a mí nuevas primaveras que fueron secando las lágrimas con sus rayos de sol.

Comencé a ser la mujer que era y siempre fui. Pudo abatirme el dolor pero no acabar conmigo. Y como el Fénix resurgió de sus cenizas, también yo, resurgí, renací de las mías. Mi esencia quedó intacta, crecida y fortalecida en sus principios.

Hallé de nuevo el camino, y no miré atrás.

« Los ideales que han iluminado mi camino y una y otra vez me han infundido valor para enfrentarme a la vida. Han sido la bondad, la belleza y la verdad. »

EINSTEIN, Albert

Las heridas de mis alas cicatrizaron y volví a retomar el vuelo.

No tuve que pedir perdón por amar, lo hice libremente. Ni siquiera busqué su perdón, si a alguien debía pedírselo es a ella misma, por creerse sus propias mentiras y hacer de su vida, un engaño permanente.

No quiso ser libre como fui y sigo siendo yo.

Le mostré mi libertad, la libertad del ser, de elegir el camino a cada momento, si una persona no camina libre por su existencia, vaga inerte en su propia vida.

Le enseñé que nada ni nadie puede obligar a nadie a corromper sus valores con viles mentiras y que se vuelven con el efecto boomerang, golpeando si cabe con más fuerza.

No la perdí yo a ella, *la diosa se hizo mortal* y fue ella quien me perdió a mí.

Mis decisiones y convicciones, reforzaron mis virtudes y mis defectos se amortiguaron, era y soy, la mano que suave entrega, también la mano que arranca a cuajo las malas hierbas para que las flores y plantas sigan creciendo sanas en el jardín de la vida.

No hay muerte que no renazca de nuevo a la vida. Todos volvemos a renacer, y aunque me golpearon sus mentiras y caí, herida de muerte, no sucumbí, me aferré a mi esperanza, y a todo lo que amaba y amo cuyos cimientos si estaban bien arraigados a la tierra.

Volví a mi propia naturaleza, sin odios ni amores hacía ella, sólo el recuerdo de ese pasado que va dejando sus huellas en la enseñanza haciéndonos ser y caminar en nuestro presente.

Solté las amarras y recogí el ancla, elevé de nuevo mis velas, para adentrarme en el ancho mar de mi existencia.

"A veces nuestro destino semeja un árbol frutal en invierno. ¿Quién pensaría que esas ramas reverdecerán y florecerán? Mas esperamos que así sea, y sabemos que así será."

Goethe

Fue encarcelada en su propia y confundida libertad, más yo no tenía ni tengo la llave para dejarle libre. Cada uno somos lo que sembramos y cosechamos. Y sí, si en mi mano estuviese la llave, la libertaría para que viva en paz y tranquilidad. Más no fui yo quien la condenó, el amor no admite ni cadenas ni condenas. Se condenó a sí misma en sus propias consecuencias.

Puede que incluso aprendiese lo que duele el amor, cuando me perdió. Ni siquiera yo la pude perder, porque nunca se entregó.

La distancia en el tiempo cicatrizaron no sólo el dolor, también cicatrizó el herido orgullo, mi ego y mi honor.

Observé mis cicatrices, con una sonrisa en los labios, esa sonrisa que es sólo mía.

Mi corazón calmado, me abrió las puertas y las ventanas de par en par, dejando traspasar la luz, cerrando a cal y canto las puertas y ventanas de la oscuridad.

Amaneció el sol radiante, entrégaseme de nuevo la belleza que exultante llegó hasta mis ojos. Las puertas cerradas del pasado, abren las de nuestro presente y futuro.

Entonces me despedí de ella para siempre, dejando marchar el polvo de los recuerdos con la brisa del viento, y sin volver la vista atrás, seguí mi camino con mi corazón y mi razón unidos en la felicidad que volvía a recuperar.

Seguí creyendo en el amor verdadero, y sí, tengo una gran certeza, que el verdadero amor, habita dentro de mí, el amor crece en uno mismo.

"El amor es la fuerza más humilde, pero la más poderosa de que dispone el ser humano."

Mahatma Gandhi

POEMARIO OTROS AUTORES:

"EL VIENTO Y EL ALMA" de Luis Cernuda

INCERTIDUMBRE. Alfredo Mendoza Cornejo

HIJO MÍO de Leopoldo Panero

De Pablo Neruda:
POEMA I
TU RISA
POEMA IX
TE AMO
SED DE TI
TESTAMENTO DE OTOÑO
LA LUZ QUE DE TUS PIES SUBE A TU CABELLERA...
LA INFINITA
CIEN SONETOS DE AMOR
MI MUCHACHA SALVAJE
EL VIENTO EN LA ISLA
EL MAR (Párrafo)

De Gustavo Adolfo Bécquer:
RIMA XXIII
Rima XXIV

    BESOS   Gabriela Mistral
OLIVO DEL CAMINO (III) Antonio Machado
DESEO Federico García Lorca

De Mario Benedetti:
ARCO IRIS

MÚSICA PARA LA LECTURA.
Intérpretes y compositores

Omar Akram
Richard Clayderman
Francis Lai
Andrea Bocelli
Leo Rojas
Vanessa Mae
André Rieu
Kitaro
Chopin
Amilcare Ponchielli
Tchaikovsky
Johann Sebastián Bach
Beethoven
Pachelbel